本书得到国家自然科学基金面上项目（72072174）支持

可持续供应链管理：
环境、企业与个体跨层研究

于亢亢　著

中国环境出版集团·北京

图书在版编目（CIP）数据

可持续供应链管理：环境、企业与个体跨层研究 /
于亢亢著. -- 北京：中国环境出版集团，2024. 11.
ISBN 978-7-5111-6121-5

Ⅰ. F279.23

中国国家版本馆CIP数据核字第2025XL6656号

责任编辑　侯华华
封面设计　宋　瑞

出版发行　中国环境出版集团
　　　　　（100062　北京市东城区广渠门内大街 16 号）
　　　　　网　　　址：http://www.cesp.com.cn
　　　　　电子邮箱：bjgl@cesp.com.cn
　　　　　联系电话：010-67112765（编辑管理部）
　　　　　　　　　　010-67112735（第一分社）
　　　　　发行热线：010-67125803，010-67113405（传真）
印　　刷　北京中科印刷有限公司
经　　销　各地新华书店
版　　次　2024 年 11 月第 1 版
印　　次　2024 年 11 月第 1 次印刷
开　　本　787×960
印　　张　13
字　　数　230 千字
定　　价　68.00 元

中国环境出版集团郑重承诺：
中国环境出版集团合作的印刷单位、材料单位均具有中国环境标志产品认证。

前　言

随着我国经济的快速发展，资源短缺、生态破坏、环境污染、公共危机问题日益凸显，影响着人们对美好生活的需求。如何在发展中平衡经济、环境、社会之间的关系也成为企业决策者需要面对的关键问题。为了改善企业及其供应链的长期经济绩效，可持续供应链（sustainable supply chain）作为系统协调组织间物流、信息流和资金流的整合战略，已成为运营管理领域的热点话题。笔者课题组的前期研究项目就可持续供应链的内部整合战略进行了深入研究（Yu et al., 2018a），逐渐意识到外部环境的复杂性、不确定性、不可预测性与可持续供应链研究之间的罅隙（Yu et al., 2018b）。希望在本书中进一步探讨核心企业、合作伙伴及整个供应链体系面对供应链风险造成的不确定性时，如何在经济、环境、社会的三重底线（triple bottom line，TBL）中做出权衡。

全球化水平的提高促使企业间的业务更加广泛和复杂，供应链在短短几十年间发生了重大变化。全球供应链日益增长促使供应链中各企业之间的依赖程度越来越高，世界各主要经济体都通过供应链组织紧密地连接在一起，供应链的复杂程度也越来越高（Christopher et al., 2011；Wagner and Bode, 2006；Blackhurst et al., 2005）。无论是供应链中发生的（如需求不确定、设备故障等）固有的"每日"运营风险，还是小概率发生的事件（如自然灾害、事故灾难、社会安全事件等）引起的重大中断风险，供应链在发展过程中所要面临的风险都愈加多样，这对供应链的每个环节及整体的绩效都有很大程度的影响。全球产能过剩、债务过高、地缘争端、经济疲软等问题，早已让全球经济变得脆弱，在不断强调精益、零库存、供应商少源、物流集中的趋势下，供应链在精细化的同时也产生了脆弱性。新型冠状病毒疫情的暴发叠加几年来累积的不确定因素，让风险通过供应链传导至世界各地，再一次凸显了供应链管理的升级在不确定环境中举足轻重的作用（许建和田宇，2014）。怎样在经济快速发展的同时兼顾其他因素，并保证企业面对各种风险时仍持续运营？根据信息加工理论（information processing theory，IPT），企业对外部环境中不确定性的响应取决于决策者和组织对信息的处理能力（Galbraith，1977；Bensaou and Venkatraman，1995）。当不可预估的风险发生时，企业既需要有效地配置资源，对外界的变化能够迅速作出反应，又需要有冗余的资源准备，保持供应链的韧性和持续稳定发展（吕文栋等，2015）。因此，供应链可持续发展还要时刻关注外界环境变化，通过合理平衡资源，使供应链在突发情况下仍能稳定运行，甚至爆发更强的生命力。

反观理论的发展，虽然可持续供应链的概念越来越多地出现在运营领域的核心期刊中［见 Carter and Washispack（2018）对综述文献的综述］。但是，通过对近期检索的88篇实证文献进行初步的元分析(meta-analysis)，我们发现现有关于可持续供应链的研究，包括笔者课题组前期项目所开展的研究，因局限于本学科领域，还存在以下问题需要在后续的交叉研究中进行更深入的探讨。

第一，研究可持续供应链的文献中，关于风险应对和资源利用相关的研究较多，但是多侧重于对可持续的直接影响，而其中的传导机制因涉及战略、组织管理等学科的理论而缺乏深入研究。供应链可持续发展取决于对资源的有效利用，但同时为了保持供应链在突发情况下仍能顺利运行，供应链的稳定也很重要。现有研究表明，供应链资源中的冗余对其柔性和韧性均有正向的影响（Dolgui et al.，2018；Sheffi，2007；Peck，2006）。而柔性与韧性作为供应链在面对内外部风险时的应对能力，对可持续绩效的影响非常关键（Pettit et al.，2013）。而从代理理论的视角来看，资源的冗余管理在一定程度上浪费了很多有限的资源，增加了成本，不利于可持续发展。然而，改变资源配置方式积极应对风险是否影响可持续绩效？影响哪些方面，以及背后的机制是怎样的？现有研究并未做出解答。

第二，现有可持续供应链的研究对环境、企业、个体层面的问题有不同程度的关注，但是对于它们之间的关系，由于超越了组织行为与认知心理学的范畴，而缺乏全面的模型支撑。环境层面的影响因素包括法律压力、利益相关者压力、市场竞争和不确定性等（肖序和曾辉祥，2017；Khor et al.，2016；Pagell et al.，2007）。企业层面的影响因素包括组织文化、资源、战略定位、环境管理系统等（Golini et al.，2014；Gimenez et al.，2012；Hollos et al.，2012）。个体层面的影响因素包括管理者能力、信念和参与度等（Wei et al.，2019；Burki et al.，2018；Chung et al.，2016）。

第三，大部分研究对可持续绩效的划分都遵循三重底线的理论框架，但是经济、环境和社会 3 个维度在不同情境下侧重点不同，这一直是决策研究的难点，在不同的风险情境下也可能决策不同。根据三重底线原则，可以从经济、环境、社会 3 个维度对可持续绩效进行研究（Miemczyk and Luzzini，2019；朱庆华，2017；戴君等，2015）。这 3 个维度的目标可能产生短期冲突，例如，为了提升环境可持续性与社会责任就不得不增加额外的经济成本。所以，可持续目标和经济绩效之间的负向关系也一直是该领域研究的关注点（Ahi and Searcy，2013；Liu et al.，2013）。"可持续是否值得"之问，特别是面对三重底线风险时，这个问题的答案依然处于比较模糊的阶段。

基于以上分析，本书拟融合供应链、战略和组织理论，探索可持续供应链应对风险的能力，厘清从决策者心理到组织行为多个层面的影响因素之间的关系。同时，深入探讨三重底线中的平衡逻辑。全书分为四篇：第一篇是对可持续供应链的概述，综述了近年来该领域的相关文献，包括定义、分类、绩效、影响因素等内容；在此基础上，后三篇分别从环境层面、企业层面、个体层面对可持续供应链影响因素进行了深入研究。每篇都对所用的理论进行了详细阐释，并给出了实证研究的结论与启示。希望通过文献梳理、理论构建、研究设计、数据分析的全面呈现，为从事供应链管理研究的学者提供共同探讨的素材。

最后，感谢在本书研究过程中给予帮助的老师与同学，他们是中国人民大学宋华老师，中央财经大学陈金亮老师、钱程老师，以及江璐、鲍培培、许铭萱、吕娜、张凌波、赵华、侯绍博、李怀诚、陶抒林、林秋焕、郭欣琪等同学。

因能力所限，如有不当之处还请读者批评指正。

目　录

第一篇　可持续供应链概述

第二篇　环境层面的影响因素

第三篇　企业层面的影响因素

第四篇　个体层面的影响因素

第一篇

可持续供应链概述

第 1 章
可持续供应链的定义和分类

1.1 可持续的定义

对于可持续的定义，最被广为接受的是世界环境与发展委员会（WCED）在 1987 年给出的"在不以牺牲未来一代的需求为代价的前提下满足现在的需求发展"。这一理解也被用在很多问题上，例如 Erlich P R 和 Erlich A H（1991）认为该定义有助于理解经济活动对环境的影响；Lai 等（2003）认为该定义可以保证世界范围的食品安全；Savitz 和 Weber（2006）认为该定义可以保证基本的人类需求；Whiteman 和 Cooper（2000）认为该定义还包含对不可再生资源的保护。这一定义从可持续性的宏观经济和社会层面出发，对企业来说较难应用。随着三重底线（triple bottom line，TBL）的理论框架被越来越多的学者认可，对可持续供应链管理的绩效评价特别强调了要同时关注环境、经济和社会三者平衡下的企业经营特征。根据这些特征，表 1.1 对可持续的经典定义进行了归纳和总结。

表 1.1　可持续的定义汇总

来源	定义	经济视角	环境视角	社会视角	利益相关者视角	义务视角	柔性视角	长期视角
WCED，1987	不以牺牲未来一代的需求为代价的前提下满足现在的需求发展	●	●	●	●			
IISD，1992，p. 11	采取符合企业和利益相关者需求的战略和活动的同时加强自然资源的保护，不过分影响未来对资源的需求	●	●	●	●			●

来源	定义	经济视角	环境视角	社会视角	利益相关者视角	义务视角	柔性视角	长期视角
Dyllick and Hockerts，2002，p.130	企业的可持续管理可以被定义为在满足企业直接或间接利益相关者（如股东、雇员、客户、团体等）需求的同时，不牺牲未来企业利益相关者的需求				●			
Marrewijk，2003，p.102	企业的可持续管理和社会责任是指企业在经营活动和与利益相关方的互动中包括了环境和社会两方面的考虑。这是企业可持续管理和社会责任的宽泛定义	●	●	●	●	●		
Caldelli and Parmigiani，2004，p.159	企业的可持续管理意味着在企业决策过程中对经济绩效、社会绩效和环境绩效指标的整合。在此基础上，增加了第4个维度，即每个企业受到一系列价值的指引，是这个价值系统决定了其情境和导向	●	●	●	●			
Steurer et al.，2005，p.272	可持续发展被普遍认为是一种社会引领模型，强调了长期生活质量的问题。企业的可持续是一个企业引领模型，强调短期和中长期的经济绩效、社会绩效和环境绩效	●	●	●				●

来源	定义	经济视角	环境视角	社会视角	利益相关者视角	义务视角	柔性视角	长期视角
Slawinski and Bansal, 2011，p.1	将企业的可持续定义为一种在不牺牲长期的经济绩效、社会绩效和环境绩效的前提下对短期的经济需求、社会需求和环境需求做出反应的能力	●	●	●				●
Hassini et al.，2012，p.82	企业的可持续被定义为在运营中考虑长期将经济、社会和环境维持在一个很好的水平上	●	●	●				●

注：基于 Ahi 和 Searcy（2013）对可持续定义的比较研究，并进行了修改和更新。

1.2　供应链管理的定义

在供应链管理领域，有些研究侧重于物流管理，如 Gibson 等（2005）将供应链管理定义为对包括采购、转化、需求创造在内的所有计划与活动的管理。更多的研究将供应链上信息流的管理也纳入其中，如 Cooper 等（1997）提出供应链管理描述的是对企业内部与企业外部的物流和信息流的计划与控制。Lummus 等（2001）也指出供应链管理是指将产品从原材料传递到消费者的一系列活动，包括原材料采购、加工组装、仓储、订单管理、各渠道分销和监管所有过程的信息系统管理。除了物流和信息流视角外，供应链管理领域的研究越来越强调企业内各部门和供应链上不同企业之间的协同与合作。其中，Braunscheidel 和 Suresh（2009）、Swinka 和 Nairb（2007）认为整合（integration）应该成为供应链研究领域的焦点话题。Zhao 等（2008）认为供应链整合是指组织为了实现产品生产、服务、信息在供应链中充分有效流动，以期为客户提供最大化的价值，而与供应链中其他组织内部或组织间管理者和伙伴进行战略协作的程度。此外，供应链管理还强调企业内部和外部的关系管理，如 Handfield（2007）提出供应链管理是通过提升供应链上各主体之间的关系来对这些活动进行整合，以达到可持续的竞争优势。供应链管理的定义汇总见表 1.2。

表 1.2 供应链管理的定义汇总

来源	定义	物流视角	协作视角	利益相关者视角	关系视角	价值视角	效率视角	绩效视角
Lambert et al.，1998	从终端消费者到源头供应商，为消费者和其他利益相关者提供产品、服务、信息的一体化经营过程	●	●	●		●		
Larson and Rogers，1998	以为消费者提供价值为目的，在垂直联系的企业之间和企业内部各部门之间的协作		●	●		●		
Handfield，1999	供应链管理包括所有关于物品从原材料阶段到终端消费者这个过程的物流和信息流。供应链管理是通过提升供应链上各主体之间的关系来对这些活动进行整合，以达到可持续的竞争优势	●	●	●				●
Walters and Lancaster，2000	管理主要利益相关者之间的关系，创造最大价值的企业运营过程。这种过程被消费者满意度所驱动，被高效的物流管理所促进			●	●	●	●	
Mentzer et al.，2001	为了提高企业和整个供应链的长期绩效，企业的各部门之间、供应链上不同企业之间系统的协作		●	●				●
Lummus et al.，2001	将产品从原材料传递到消费者的一系列活动，包括原材料采购、加工组装、仓储、订单管理、各渠道分销和监管所有过程的信息系统管理	●	●	●				●
Gibson et al.，2005	对包括采购、转化、需求创造在内的所有计划与活动的管理，以及对物流的管理	●	●					

来源	定义	物流视角	协作视角	利益相关者视角	关系视角	价值视角	效率视角	绩效视角
Eng，2005	管理将投入品转化为终端消费品整个过程的一系列活动，这些活动不仅发生在企业内部的各部门之间，还发生在不同企业之间	●	●	●	●			
Stock and Boyer，2009	管理企业各部门之间、相互关联的不同企业之间、不同商业模块之间的关系网，包括材料供应商、采购商、生产设备、物流、市场营销以及其他可以促进物质、信息、金融、服务在生产者和消费者之间相互流动以增加价值、最大化经营效率、创造消费者满意度的系统	●	●	●	●	●		●

注：基于 Ahi 和 Searcy（2013）对供应链定义的比较研究，并进行了修改和更新。

1.3　可持续供应链管理的定义

综合以上可持续的定义及供应链管理的定义，研究者们给出了可持续供应链管理的定义。例如，被广泛应用的 Carter 和 Rogers（2008）对可持续供应链管理的定义是"为了改善企业和其供应链的长期经济绩效，在系统协调关键组织间的经营流程中的战略整合，以实现企业的社会目标、环境目标和经济目标"。而被引用次数最多的是 Seuring 和 Müller（2008）提出的定义："管理物流、信息流和资金流，同时与供应链上的成员合作，以实现经济、环境、社会三个方面的可持续发展目标，特别是考虑到客户和相关利益群体的需求"。在对比绿色供应链和可持续供应链的研究后，Ahi 和 Searcy（2013）给出的定义是："通过将经济、环境、社会的考量和关键的企业间经营系统（为了达到有效率、有效益的管理的设计与产品和服务的采购、生产、分销物流、信息流、资金流）整合起来创造协调的供应链，以满足相关利益群体的需求和改善组织短期和长期的收益、竞争力与适应性。"可持续供应链管理的定义见表 1.3。

表 1.3　可持续供应链管理的定义

供应链（supply chain，SC）	产品生产和流通过程涉及的原材料供应商、生产商、分销商、零售商以及最终消费者等成员通过与上游、下游成员的连接（linkage）组成的网络结构
供应链管理（supply chain management，SCM）	在整个供应链中协调业务流程和策略，以满足最终客户的需求，要求集成和协调采购、制造、营销、物流等业务流程，同时实现对信息流的传递和控制
可持续（sustainability）	既满足当代人的需要，又不对后代人满足其需要的能力构成危害。企业要在经济利益、环境关爱和社会需要之间建立合理的关系
可持续供应链管理（sustainable supply chain management，SSCM）	供应链组织间相互作用并为整条供应链或供应链上的组织带来经济效益、社会效益或环境效益

1.4　可持续供应链管理的分类

总体上，可以将可持续供应链管理划分为内部可持续和外部可持续两个维度。企业内部可持续供应链管理包括企业内部环境管理、精益制造、资源节约和可回收产品（Huang et al.，2003）、社会导向的行动计划、企业良好信誉和形象（Gimenez et al.，2012）、ISO 认证（Cantor et al.，2013）、风险评估等；企业外部可持续供应链管理包括供应链评价、供应链监督、供应链整合（Chan et al.，2015）、供应链风险管理（Hong et al.，2018）、利益相关者管理（Wang and Dai，2018）、公益宣传等。

描述可持续供应链管理有许多不同的维度，Zhu 和 Joseph（2007）与 Wong 等（2012）将 SSCM 分为内部可持续和外部可持续。还有学者认为 SSCM 的管理行为应该将整条供应链上的管理包含在其中，如 Caniato 等（2012）提出可持续供应链管理应该包括输入可持续（inbound sustainability）、内部可持续（internal sustainability）和输出可持续（outbound sustainability）。Flynn 等（2010）和 Wong 等（2011）将供应链管理战略划分为供应商整合（supplier integration）、内 部 整 合（internal integration）和 消 费 者 整 合（customer integration）。Zhu 和 Sarkis（2007）则从绿色采购、内部环境管理和消费者合作 3 个维度来研究可持续供应链管理。

综上所述，现有研究大部分将可持续供应链管理归纳为供给、内部、需求 3 个维度。①在供给可持续的维度下，一般包括绿色采购（Zhu and Sarkis，2007）、与生产商的环保合作（Wiengarten and Longoni，2015）以及生产商关系投资（Krumwiede，2007）。②在内部可持续维度下，包括内部绿色管理（Ramanathan，2015）[主要包括材料回收、循环利用、再生产（Lai et al.，2013）]，科研投入（Lucas and Noordewier，2016），内部审计（Hsu et al.，2014）和 ISO 认证（Autry et al.，2013）。③在需求可持续维度下，包括消费者关系投资（Krumwiede，2007）和与消费者的环保合作（Vachon and Klassen，2008）。

第 2 章
可持续供应链的绩效

2.1 可持续供应链绩效划分

对可持续供应链绩效的划分大多遵循三重底线的理论框架。Wiengarten 和 Longoni（2015）与 Luzzini 等（2015）认为可以从经济绩效、环境绩效、社会绩效 3 个维度对可持续供应链绩效进行研究。其中，Wiengarten 和 Longoni （2015）与 Wu 等（2014）认为在经济绩效维度下可持续供应链绩效主要包括运营方面的成本绩效、生产柔性、产量质量。除此之外，Lai 等（2013）和 Blome 等（2014）认为在经济绩效维度下还包括财务绩效及市场绩效，Roh 等（2013）认为主要包括消费者满意度，Hsu 等（2014）认为也包括环保形象的树立。在环境绩效和社会绩效维度下则没有像经济绩效那样有许多细分的维度。

基于三重底线的理论框架，经济、环境、社会三方面的目标在短期内难免会有冲突，因为不同的股东会强调不同维度的绩效。为了环境可持续与社会责任不得不增加额外的经济成本，所以可持续目标和经济绩效之间的负向关系一直是该领域研究的一大关注点。例如，Ahi 和 Searcy（2013）强调了在特定情境下可持续供应链与经济绩效之间的负向关系。Liu 等（2013）认为可持续供应链只有在获得真正的经济绩效时才是可持续的。然而，"可持续是否值得"这个问题依然处于比较模糊的阶段，因此需要进一步探索。本书将专注于可持续供应链管理与绩效的关系，基于 72 篇相关文献整理已有文献中两者之间相关关系的研究成果。

如前所述，对于可持续供应链战略的维度，现有相关研究提出了不同的分类方式，内外部的划分方式目前应用比较多。如图 2.1 所示，沿供应链上下游的主要环节，需要明确 3 个维度所涉及的具体内容，包括侧重企业内部职能的内部可持续战略；从供给角度出发，侧重于与供应商合作实现可持续目标的供给可持续战略；以及从需求角度出发，通过公益宣传、绿色产品获取订单的需求可持续战略。此外，在对可持续供应链绩效的文献综述中，可以看出三重底线是学术界普遍接受的评价可持续供应链绩效的原则，本书基于三重底线的框架，把绩效分为经济绩效（包括运营绩效、财务绩效和市场绩效），环境绩效（包括资源利用率、产品回收率、排放量、环保投入等）和社会绩效（主要涉及对相关利益群体的社会责任）。

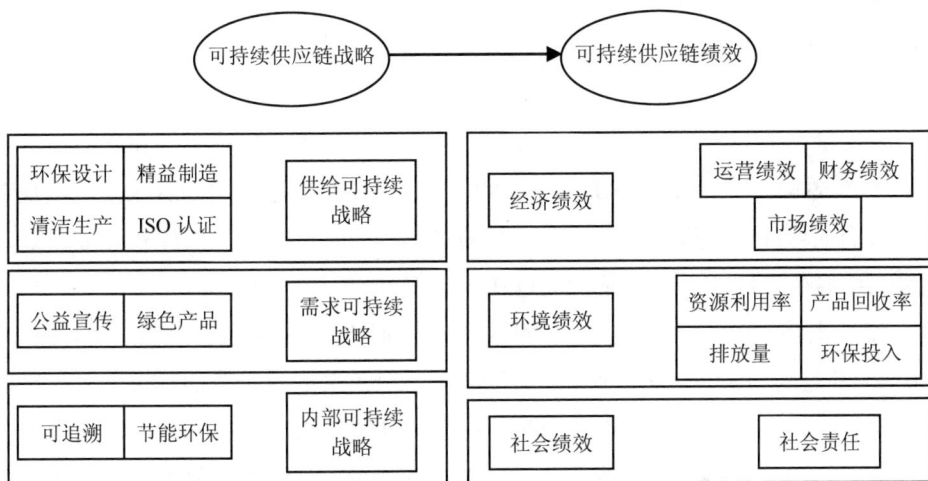

图 2.1　可持续供应链战略与绩效研究示意图

2.2　可持续供应链战略与绩效

从可持续供应链管理的角度来看，文献研究了供给可持续战略（supply-driven）与绩效的关系，内部可持续战略（interior-driven）与绩效的关系以及需求可持续战略（demand-driven）与绩效的关系。

2.2.1　供给可持续战略与绩效的关系

从收集的文献来看，供给可持续战略主要包括供应商一体化、可持续采购和综合考虑供应端的可持续管理能力（包括在评价和合作中重视可追溯、安全、节能和环保）3 个维度。供应商一体化是供给可持续维度下的重要概念，很多学者对供应商一体化与绩效之间的关系进行了研究。Wiengarten 和 Longoni（2015）利用 90 家印度制造业企业的数据从供应商一体化协作出发研究了可持续供应链管理对经济绩效、环境绩效、社会绩效的影响。Krumwiede（2007）利用 103 家中国台湾制造业企业的数据证明了企业对与供应商关系和需求方关系的投资对削减成本有显著的正向作用。Flynn 等（2010）研究了 617 家中国制造业企业，发现供应商整合战略可以显著提升企业的运营绩效和总体经济绩效。Yu 等（2013）利用 214 家中国制造业企业的数据证明了供应商整合战略对提升企业财务绩效具有显著的促进作用。Wong 等（2011）研究了 151 家泰国汽车制造业企业，发现供应商整合战略可以显著提升企业的物流水平、生产柔性和产品质量并降低生产成本。Vachon 和 Klassen（2008）研究了 76 家中国制造业企业，发现和供应商的环保合作能够提升企业产品质量、物流水平、生产柔性和环境绩效，然而对缩减生产成本没有显著的促进作用。

除了供应商一体化，绿色采购也是许多研究的关注点。例如，Green 等（2012）通过对 159 家美国企业的研究证明了绿色采购对企业的环境绩效、运营绩效、经济绩效都有显著的正向影响。Esfahbodi 等（2016）研究了 72 家中国制造业企业和 56 家伊朗制造业企业，发现可持续采购战略可以显著提升企业的环境绩效和成本绩效。Zhu 等（2004）利用 396 家中国传统高污染行业的企业数据，证明了企业的绿色采购对企业环境绩效、运营绩效和经济绩效有显著的提升作用。

除此之外，在供应端的环境管理方面，Yu 等（2014）研究了 126 家中国汽车制造业企业，发现供应端的绿色供应链管理会显著提高企业的运营柔性、产品质量、物流水平，并降低生产成本。Wong 等（2012）研究了 122 家中国台湾电子电器企业的数据，发现供应商的环境管理能力与企业污染减少之间有显著的正相关关系。Luzzini 等（2015）通过对 383 家欧洲与北美洲企业的研究，证明了加强与上下游企业的合作会显著提升环境绩效和社会绩效，然而对经济绩效没有显著的提升作用。

2.2.2 内部可持续战略与绩效的关系

内部可持续战略（interior-driven）主要包括绿色生产流程设计（包括科研、循环利用、改造等）、总体内部绿色管理、内部整合战略 3 个方面。

在绿色生产流程设计方面，Ramanathan（2015）利用 167 家英国制造业企业的数据，研究了绿色生产流程设计对企业环境绩效的影响。Lai 等（2013）通过对 30 家中国企业的研究，证明了回收利用再生产对企业的运营绩效和财务绩效有显著的正向影响，对企业社会绩效的影响不显著；对环境管理的投资对企业的可持续绩效也有显著的正向影响。Lucas 等（2016）利用 943 家美国制造业企业的数据证明了研发强度与投资回收期之间有显著的负相关关系，与市场份额有显著的正相关关系。Thoumy 和 Vachon（2012）通过研究发现污染防治与企业的盈利指数和内含报酬率均呈显著的负相关关系。Jackson 等（2016）通过对 300 家美国制造业企业的研究，发现产品质量管理方面的创新和环保设计与环境绩效和经济绩效呈显著的正相关关系。Zhu 等（2004）研究了 186 家中国制造业企业内部运营中的环保设计和企业环境绩效、经济绩效之间的关系，发现均为正相关关系。Khor 等（2016）研究了 79 家马来西亚电子电器公司，证明了循环利用、改造、维修等可持续管理策略对企业的利润和销售业绩有显著的促进作用；循环利用对企业的环境绩效有显著的提升作用，改造对环境绩效的提升作用不明显。

在总体内部绿色管理方面，Green 等（2012）通过对 159 家美国企业的研究证明了加强企业内部绿色管理和建立内部信息系统对企业的环境绩效、运营绩效、经济绩效都有显著的正向影响。Yu 等（2014）对中国 126 家汽车制造业企业进行研究发现，内部绿色供应链管理会显著提升运营柔性、产品质量、物流水平并且降低生产成本。Gimenez 等（2012）通过研究 20 多个国家的 519 家公司的数据证明了企业内部生产环保管理项目和社会导向项目对环境绩效、社会绩效和经济绩效均有显著的提升作用。Zhu 等（2012）利用 396 家中国传统高污染行业企业数据，证明了企业的内部环境管理对企业环境绩效、运营绩效和经济绩效有显著的提升作用。

在内部整合战略方面，Wong 等（2011）研究了 151 家泰国汽车制造业企业，发现企业内部整合战略可以显著提高企业的物流水平、生产柔性、产品质量，并降低生产成本。Wong 等（2012）利用 122 家中国台湾电子电器企业的数据，通过研究发现企业内部的产品监管与减少污染之间有显著的正向相关关系。

2.2.3 需求可持续战略与绩效的关系

需求可持续战略（demand-driven）主要分为与消费者的合作和消费端的可持续供应链管理两个维度，其中消费端的可持续供应链管理包括通过公益宣传、绿色产品获得订单的策略。

在与消费者的合作方面，Kenneth 等（2012）通过对 159 家美国企业的研究证明了加强与消费者的合作对企业的环境绩效、运营绩效、经济绩效都有显著的正向影响。Huo 等（2017）研究了 617 家中国制造业企业，发现消费者一体化战略可以显著提升企业的运营绩效和总体经济绩效。Yu 等（2013）利用 214 家中国制造业企业的数据证明了消费者整合战略对提升消费者满意度和企业财务绩效有显著的促进作用。Wong 等（2011）研究了 151 家泰国汽车制造业企业，发现消费者整合战略可以显著提升企业的物流水平、生产柔性、产品质量，并降低生产成本。Zhu 等（2012）利用 396 家中国传统高污染行业中的企业数据，证明了消费者整合对企业环境绩效、运营绩效和经济绩效有显著的促进作用。Vachon 和 Klassen（2008）研究了 76 家中国制造业企业，发现与消费者的环保合作能够提升企业产品质量、生产柔性和环境绩效，然而对缩减生产成本没有显著的促进作用。

在消费端的可持续供应链管理方面，Yu 等（2014）对 126 家中国汽车制造业进行研究，发现消费者端的绿色供应链管理会显著提高运营柔性、产品质量、物流水平，并且降低生产成本。Zhu 等（2004）研究了 186 家中国制造业企业与消费者端的可持续供应链管理和企业环境绩效、经济绩效之间的关系，发现均为正相关关系。Esfahbodi 等（2016）研究了 72 家中国制造业企业和 56 家伊朗制造业企业，发现可持续的分销战略可以显著提升企业的环境绩效和成本绩效。

2.3 可持续供应链绩效文献分析

本章通过文献分析的方法梳理了学术界对可持续供应链绩效的研究。元分析（meta analysis）是一种文献计量法，采用统计学的方法对多个研究结果进行分析和概括，以提供量化的平均效果。其优点是通过增加样本含量来提高结论的可信度，降低研究结果的不一致性。

元分析方法

第一步：检索

首先在图书馆电子期刊导航中检索每一种期刊，进入相应的数据库，分别在高级检索中的"title""abstract"和"keywords"中输入"sustainable""sustainability""green"这 3 个关键词，每种期刊检索 9 次，将所有可持续供应链相关的文献检索完毕，总共检索到 690 篇文献，将所有文献的基本引用信息收录到 EndNote 软件中进行整理。

第二步：分类

在 EndNote 软件中根据文献的标题和摘要对文献进行分组。其中文献综述43 篇，理论研究 58 篇，实证研究 153 篇（主要包括问卷调研和二手数据分析），案例分析 95 篇，试验研究 12 篇，模型 147 篇，其他 182 篇（包括检索收录但经过判断与主题不相关的文献）。

第三步：筛选

通过图书馆外文发现导航下载 153 篇实证研究的文献原文，从中选取研究可持续供应链管理和绩效之间的关系并且给出相关系数表、回归、结构方程结果的文献，共计 43 篇，加上原有的 29 篇文献，总共 72 篇。

第四步：编码

将 72 篇文献中的因变量与自变量之间的相关系数、自变量之间的自相关系数、因变量之间的自相关系数、样本量、地区、行业在 Excel 中进行编码。因为本书主要研究可持续供应链管理战略和绩效之间的关系，因此编码的自变量为有关供应链管理战略的指标，因变量为绩效相关的指标。变量内容按照原文献中的相关系数表摘录，并未合并。

第五步：合并

许多研究在经济绩效、环境绩效和社会绩效的大维度下还细分了小维度，如经济绩效下还有运营绩效、市场绩效、财务绩效，而运营绩效下面还有质量、生产柔性等更小的细分维度。为了总结梳理，本书将相关系数整合为一个组合变量，统一合并到可持续供应链管理的四大维度（供给、内部、需求、可持续供应链管理）和绩效的六大维度（运营绩效、财务绩效、市场绩效、环境绩效、社会绩效、总体绩效）上。

$$r_{xy} = \frac{\sum r_{xy_i}}{\sqrt{n + n(n+1)\overline{r}_{y_{ij}}}}$$

式中，r_{xy}——变量 x 和变量 y 的相关系数；

r_{xy_i}——变量 x 和变量 y 的第 i 个维度之间的相关系数；

$r_{y_{ij}}$——变量 y 的第 i 个维度和变量 y 的第 j 个维度之间的相关系数；

n——y 的维度个数。

第六步：计算

（1）将相关系数 r 转化成 Fisher Z scores 来代表效应量（effect sizes，ES）：

$$ES = 0.5\ln\frac{1+r}{1-r}$$

式中，r——两个变量之间的相关系数。

（2）综合效应值估算：

$$M_{ES} = \frac{\sum w_i ES_i}{\sum w_i}$$

式中，$w_i = \dfrac{1}{ES^2}$，$ES = \dfrac{1}{\sqrt{n-3}}$。

（3）异质性检验，目的是通过计算样本（每个相关系数）与相关系数均值的差异是否显著来考察是否可以将样本看作来源于一个总体。

$$Q = \sum(w \times ES^2) - \frac{\sum(w \times ES)^2}{\sum w}$$

Q 统计量服从自由度为 $n-1$（n 为样本数）的卡方分布。

第七步：确定估计模型

Deseminian 和 Laird（1986）认为 Meta 分析中一般存在固定效应模型与随机效应模型两种情况。至于具体研究中应该使用哪个模型，可根据 Q 与 $n-1$ 的大小来判断。当 $Q \leqslant n-1$ 时，随机效应模型与固定效应模型计算结果相似；当 $Q > n-1$ 时，应使用随机效应模型来矫正异质性所带来的影响。

2.3.1　文献来源与处理

本书研究中收录了 72 篇可持续供应链管理的相关文献，其中 29 篇来自 Golicic 和 Smith（2013）所做的文献梳理，43 篇是笔者研究收集的。本次研究选取了运营与供应链领域的英文核心期刊。

2.3.2　**样本描述**

本书选取的 72 篇文献是来自 2000 年以来 21 个期刊上发表的有关可持续供应链和绩效关系的实证研究文献，其中 29 篇引自已有的元分析研究，43 篇是此次研究补充的。由图 2.2 可见，各年份的文献数量比较均匀，2012 年以来较多，说明可持续供应链管理是近期很受关注的领域。

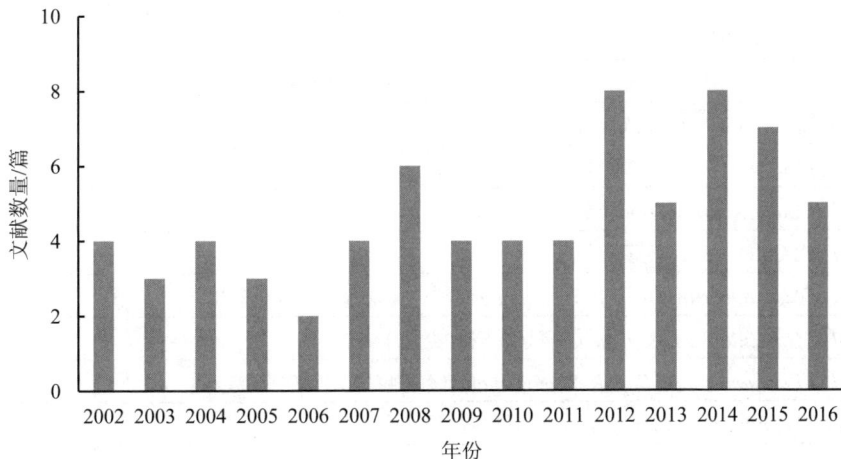

图 2.2　文献发表时间分布

由表 2.1 可知，*International Journal of Production Economics*（《国际生产经济学杂志》），*International Journal of Production Research*（《国际生产研究期刊》），*Supply Chain Management*：*An International Journal*（《供应链管理》），*International Journal of Operations & Production Management*（《国际经营与生产管理杂志》），*Journal of Operations Management*（《运营管理杂志》）这 5 个期刊

是文献的主要来源。从研究的地区来看，有 11 篇使用的是跨国数据，17 篇研究的是发达国家的企业，21 篇研究的是发展中国家的企业，其中有 15 篇研究的是中国的企业。

表 2.1　用于文献搜索的入选期刊及文献数量

所选期刊	文献数量/篇
Academy of Management Journal（《美国管理学会学报》）	1
Decision Sciences（《决策科学》）	1
IEEE Transactions on Engineering Management（《IEEE 工程管理》）	1
Journal of International Management（《国际管理杂志》）	1
International Journal of Operations & Production Management（《国际经营与生产管理杂志》）	5
International Journal of Physical Distribution & Logistics Management（《物资流通与后勤管理国际期刊》）	4
International Journal of Production Economics（《国际生产经济学杂志》）	21
International Journal of Production Research（《国际生产研究期刊》）	6
Journal of Business Ethics（《商业伦理学杂志》）	4
Journal of Cleaner Production（《清洁生产杂志》）	3
Journal of Management（《管理杂志》）	2
Journal of Manufacturing Technology Management（《制造技术管理杂志》）	1
Journal of Operations Management（《运营管理杂志》）	5
Journal of Purchasing and Supply Management（《采购与供应管理杂志》）	1
Journal of Supply Chain Management（《供应链管理杂志》）	2
Journal of Wine Research（《葡萄酒研究杂志》）	1
Omega-International Journal of Management Science（《欧米茄-国际管理科学学报》）	2
Production and Operations Management（《生产与运营管理》）	4
Supply Chain Management：*An International Journal*（《供应链管理》）	6
The International Journal of Logistics Management（《国际物流管理杂志》）	1
Transportation Research Part E：*Logistics and Transportation Review*（《交通运输研究 E 辑：物流与运输评论》）	2

从行业来看，绝大部分研究中的企业都在制造业这一大类中，只有少数文献是针对某一特定行业的可持续供应链管理和绩效之间的关系进行研究的。如

Kassinis 和 Soteriou（2003）对欧洲的酒店行业进行可持续供应链管理的研究；Simpson（2012）着眼于美国的化工材料行业；Yu 等（2014）针对中国的汽车制造业企业进行研究；Khor 等（2016）的研究数据则是来源于马来西亚电子电器行业。可见对特定企业的供应链管理与绩效之间的关系研究目前还不充分。

2.3.3 编码结果

在初步将文献中的相关系数按照原文维度录入 Excel 后，按照绩效的 7 个维度：运营绩效、财务绩效、市场绩效、未细分的经济绩效、环境绩效、社会绩效、总体绩效（其中前 4 个维度属于经济绩效）将文献分为 7 大类。在每大类中再根据可持续供应链管理的 3 个维度（供给、内部、需求）和总体可持续供应链战略将文献分为 7 个小类。根据公式将绩效细分维度下与可持续供应链细分维度下的相关系数合并到这 7 个小类和 3 个维度上，整理各个维度关于两者关系的研究，编码结果见附录 A 表 A-1、表 A-2、表 A-3 和表 A-4。

2.3.4 元分析结果

因为多个独立研究的相似性是综合分析的前提，所以在测算综合效应量之前要对研究做异质性检验。若各研究之间不存在异质性，便可以对多个效应量进行加权合并；若各研究之间存在异质性，则应当选择随机效应模型进行元分析来矫正异质性带来的影响。

本书利用 Stata 中的元分析功能对所收集 72 篇文献中的 239 个效应量数据进行异质性检验，结果如表 2.2 所示。结果显示，异质性检验统计量 Q 为 1 914.48（$Q > n-1$，$p < 0.000\ 0$），说明这些研究之间存在异质性。

表 2.2 Meta 分析结果：可持续供应链管理与总绩效

方法	综合估计值	95%的置信区间		标准误	Z	p	n
		上限	下限				
固定效应	0.302 36	0.292 85	0.291 88	0.004 85	62.289 36	0.000 00	239
随机效应	0.329 26	0.300 61	0.361 91	0.015 64	21.185 19	0.000 00	239

注：异质性检验统计量 $Q = 1\ 914.48$（自由度为 200，$p = 0.000\ 00$）；
Z 为数据点与平均值之间差距的标准化数值；
p 为衡量观测结果显著性的概率值；
n 为样本数。

因为各研究之间存在异质性，所以应当用随机效应模型进行估算。虽然之前的学者对规模和知识转移的关系进行了广泛研究（文献数量=72；n=24 224），但在该关系的性质上没有统一的结论。本研究表明，72 篇文献中可持续供应链管理战略与企业绩效之间存在显著的正相关关系，综合估计值为 0.329 26（$p<$0.000 0，95%的置信区间上限为 0.300 61，下限为 0.361 91），说明该相关系数在一定程度上能准确地反映可持续供应链管理和企业绩效之间的关系。这也表明，在原则上可持续供应链战略能够促进企业提升绩效，采用这一管理战略是企业的理性选择。

研究之间异质性显著，所以应当根据不同的研究特征分组进行分析。本研究根据不同的可持续战略（供给可持续战略、内部可持续战略、需求可持续战略和未细分的可持续战略）将样本分为 4 组。首先对样本进行组间组内差异分析，由表 2.3 可知，组间差异显著（Q 为 28.859 8，$p<$0.000 0）。然后，对每组的综合效应量进行估计。由表 2.4 至表 2.6 可知，每组内部的异质性显著（$Q>n-1$），因此都采取随机效用模型报告综合效应量。供给可持续战略与绩效之间的综合相关系数为 0.334 40，内部可持续战略与绩效之间的综合相关系数为 0.333 47，需求可持续战略与绩效之间的综合相关系数为 0.334 32，结果均在 $p<0.000\ 0$ 的程度上显著。可以看出 3 种供应链战略与企业绩效均呈显著的正相关关系，都能显著提升企业的绩效水平。

表 2.3　不同战略组间差异和组内差异

差异来源	Q	自由度（d_f）	p
组间	28.859 8	3	0.000 0
组内	1 885.621 0	197	0.000 0

表 2.4　Meta 分析结果：供给可持续战略与绩效

方法	综合估计值	95%的置信区间		标准误	Z	p	n	Q
		上限	下限					
固定效应	0.295 32	0.272 92	0.295 73	0.010 43	28.368 11	0.000 00	52	377.99
随机效应	0.334 40	0.275 89	0.392 90	0.029 85	11.201 91	0.000 00	52	

表 2.5　Meta 分析结果：内部可持续战略与绩效

方法	综合估计值	95%的置信区间		标准误	Z	p	n	Q
		上限	下限					
固定效应	0.281 67	0.268 06	0.295 29	0.006 95	40.548 46	0.000 00	90	1 016.02
随机效应	0.333 47	0.284 38	0.382 55	0.025 04	13.295 68	0.000 00	90	

表 2.6　Meta 分析结果：需求可持续战略与绩效

方法	综合估计值	95%的置信区间		标准误	Z	p	n	Q
		上限	下限					
固定效应	0.343 05	0.321 24	0.360 87	0.010 11	33.729 97	0.000 00	48	343.07
随机效应	0.334 32	0.278 09	0.390 14	0.028 58	11.689 08	0.000 00	48	

　　将样本从绩效角度分为经济绩效、环境绩效和社会绩效，分别对 3 组数据进行元分析。结果显示，3 组样本的异质性检验均为显著（$Q>n-1$），因此都采用随机效益模型报告综合估计值。结果如表 2.7 至表 2.9 所示，可持续供应链战略与经济绩效之间的综合效应量为 0.335 11（$p<0.000 01$），可持续供应链战略与环境绩效之间的综合效应量为 0.510 93（$p<0.000 01$），可持续供应链战略与社会绩效之间的综合效应量为 0.338 90（$p<0.000 11$ 的程度上显著）。可见，相较于经济绩效和社会绩效，可持续供应链战略对企业环境绩效的提升效果最大，为中度正相关。

表 2.7　可持续供应链战略与经济绩效

方法	综合估计值	95%的置信区间		标准误	Z	p	n	Q
		上限	下限					
固定效应	0.300 07	0.290 29	0.309 82	0.004 98	60.290 78	0.000 00	193	1 872.58
随机效应	0.335 11	0.303 40	0.366 83	0.016 18	20.708 69	0.000 01	193	

表 2.8　可持续供应链战略与环境绩效

方法	综合估计值	95%的置信区间		标准误	Z	p	n	Q
		上限	下限					
固定效应	0.437 11	0.432 49	0.461 73	0.012 56	34.790 77	0.000 00	38	379.64
随机效应	0.510 93	0.429 59	0.592 27	0.043 50	12.291 81	0.000 01	38	

表 2.9　可持续供应链战略与社会绩效

方法	综合估计值	95%的置信区间		标准误	Z	p	n	Q
		上限	下限					
固定效应	0.372 00	0.328 89	0.435 11	0.022 00	16.912 68	0.000 00	9	104.86
随机效应	0.338 90	0.167 57	0.510 23	0.087 22	3.876 90	0.000 11	9	

2.4　小结

通过梳理 2000 年以来研究可持续供应链战略与企业绩效关系的文献，有以下几点发现。

第一，在这一领域已经存在许多实证研究，尤其是可持续供应链战略与经济绩效之间关系的研究，72 篇文献中几乎都涉及这一方面。然而涉及环境绩效和社会绩效的文献较少。而且，通过梳理发现，对经济绩效的研究已经比较成熟和细致，用许多细分的维度来测量经济绩效。然而用于测量环境绩效和社会绩效的维度则比较笼统，不够细致深入。

第二，通过分析 72 篇文献的 239 个效应量数据，本书对可持续供应链战略与企业绩效之间的关系进行了元分析，发现各研究之间的异质性较强。可持续供应链战略与绩效之间的相关系数为 0.329 26（$p<0.000\ 0$），这表明，原则上可持续供应链战略能够促进企业提升绩效，采用这一管理战略是企业的理性选择。

第三，对供给可持续战略、内部可持续战略和需求可持续战略三大供应链战略与企业绩效之间的关系进行分组元分析发现，三大战略的组间差异明显。因此，应当分组研究各战略与企业绩效之间的关系。结果显示，三大战略与企业绩效之间均存在显著的正相关关系，综合相关系数分别为 0.334 40、0.333 47、0.334 32。

第四，对可持续供应链战略与经济绩效、环境绩效和社会绩效之间的相关关系进行对比元分析发现，可持续供应链战略与 3 个绩效维度的相关关系分别为 0.335 11、0.510 93、0.338 90，可见可持续供应链战略对企业环境绩效的促进作用最大。

第 3 章
可持续供应链管理的影响因素

3.1 可持续供应链管理研究的理论基础

3.1.1 制度理论

制度理论（institutional theory）常被用来解释可持续供应链管理的驱动和压力因素如何影响企业可持续的相关决策。Chan 等（2015）考察了法律和政策压力与企业绿色产品创新之间的关系，并评价了环境不确定性对绿色生产创新的影响；Khor 等（2016）从制度理论出发，探讨了环境管制对企业逆向物流管理的影响；Pagell 等（2007）研究了外部环境的整体性和动态性对企业环境管理投资的影响。

制度理论认为，制度是特定环境下的社会规则、法律制度和认知规范组成的规则网络，企业通过遵守其经营领域内的制度和规范来更好地确保其社会适应性和组织合法性。企业合法性主要来自权威机构、政府和社会公众等利益相关者的认可和评价，包括合适、正当、符合预期 3 个要求。而企业合法性地位的提升将为组织生存和发展提供必要条件，同时加强消费者和社会公众的认同感，促使企业产品和服务质量持续改善。

3.1.2 利益相关者理论

近年来，公司面临来自不同群体日益增大的环境压力，利益相关者理论（stakeholder theory）在相关文献中也越来越受欢迎。利益相关者是与企业有利益关系的个人和团体，包括客户、供应商、员工、股东、社区和政府等。企业与其利益相关者之间存在非对抗性的关系。利益相关者理论要求企业在制定战略和管理实践中必须考虑其与特定利益相关者群体的关系（Roberts，1992）。利益相关者能够识别企业承担社会责任的信号并作出积极正面的评价。

利益相关者的需求将影响组织采取可持续性措施。组织要给予利益相关者价值，因此需要将其关注点从财务目标扩展到利益相关者强调的可持续性问题，从而在整个供应链中采用可持续性措施。Gualandris 和 Kalchschmidt（2014）从利益相关者理论出发，研究了客户压力对企业可持续供应链管理的影响；Yu 等（2014）研究发现，来自利益相关者的压力将驱动企业实施内部绿色管理实践，企业实施可持续供应链管理是对不同利益相关者需求、期望和偏好的响应（Yu et al.，2014）。

3.1.3　高层梯队理论

高层梯队理论（upper echelons theory）认为，企业的战略决策由高层管理者作出，因此受到高层管理者认知、价值观和信念的显著影响。高层梯队理论强调最高管理层在企业战略选择中的作用，为企业实施组织创新提供了理论基础。Wei 等（2019）将影响企业战略决策的高层管理者特性划分为认知因素（如价值观、信念和假设等）和行为因素（如参与度、管理支持等）。Blome 等（2014a）研究了高层管理者的信念与企业绿色采购之间的关系；Burki 等（2018）研究了高层管理者的承诺对组织绿色创新的影响；Bhatia 等（2019）研究了高层管理者的领导力对组织绿色生产的影响；Overstreet 等（2013）研究了高层管理者的领导力对组织绿色创新的影响。

同时，高层梯队理论假定高层管理者的信念和行为受社会、环境和组织因素的影响。在供应链管理中，高层管理者通常面临复杂的社会关系网络（Wei et al.，2019）。对外部环境的正确认识是企业响应外界环境变化和处理环境压力的前提。反之，高层管理者若无法准确地识别利益相关者的需求，将造成对可持续性问题和供应链风险的错误认识，将注意力转移到其他非优先问题上。因此，只有在正确识别外部环境中的机会和风险、市场定位、客户需求的条件下，高层管理者才能作出正确的战略决策。

3.1.4 资源基础观

资源基础观（resource based view，RBV）认为企业的竞争优势来源于具有价值性、稀缺性、难以模仿性和不可替代性的资源，包括物质资源（如原材料、设备等），人力资源（如经验、技能等）和组织资源（如企业形象、流程等）。Hart 于 1995 年提出了自然资源基础观（natural resource based view，NRBV），认为企业发展不可避免地受到自然环境的约束，企业的竞争优势来源于可持续经济活动的能力。自然资源基础观作为资源基础观的扩展，强调环境可能是企业可持续竞争优势的制约因素，环境可持续的企业可能更具有竞争优势。

3.2 可持续供应链管理的影响因素分类

可持续供应链管理的影响因素有多种分类方式。Chung 和 Tsai（2007）将企业可持续供应链管理的影响因素归纳为 5 个方面，即战略、压力、内部管理、外部管理和不确定性。战略包括战略定位、管理者能力和管理者信念等；压力包括环境压力、法律压力、利益相关者压力和合规压力等；内部管理包括组织文化、创新、灵活性、产品质量、生产效率等；外部管理包括供应链整合程度、利益相关者管理、沟通有效性等；不确定性包括灾害、风险等。

Phatak 等（2018）将企业可持续供应链管理的驱动因素分为内部驱动因素和外部驱动因素。内部驱动因素包括高层管理承诺、支持性的组织文化、环境管理系统、员工和中层管理者参与度；外部驱动因素来自投资者、顾客、法律规制、公众、供应商和市场竞争。Zimon 等（2019）将可持续供应链管理的影响因素划分为 3 个层面：①企业层面，包括管理承诺、组织参与、支持性文化、竞争机会等；②顾客和供应商层面，包括绿色产品要求、逆向物流要求、客户和供应商参与等；③第三方层面，包括地方政府、国际监管机构、竞争对手、投资者和公众等。

企业是否采取可持续供应链管理策略，不仅受到组织外部环境的影响，也受到组织特性和高层管理者的影响。因此，本书将可持续供应链管理的影响因素划分为环境、企业和企业家 3 个层面：①环境层面包括利益相关者压力、环境不确定性等；②企业层面包括组织文化、组织资源、组织战略等；③企业家层面包括高层管理者领导力、承诺和参与度等。不同因素对企业是否实施可持续供应链管理的影响程度不同，如员工和非政府组织往往对社会层面的决策影响更大（Saeed and Kersten，2019）。表 3.1 列举了现有文献对可持续供应链管理影响因素的分类。

表 3.1　可持续供应链管理的影响因素分类

影响因素分类			代表文章
环境层面	A. 环境不确定性	a. 需求不确定性	Huang 等（2014）
		b. 技术不确定性	Huang 等（2014）
		c. 环境动态性	Chan 等（2016）
	B. 利益相关者压力	a. 顾客压力	Simpson（2012）
		b. 竞争者压力	Ghosh（2019）
		c. 公众压力	Hsu 等（2014）
		d. 供应商压力	Zhu 等（2007）
		e. 规制压力	Khor 等（2016）
	C. 供应链复杂性		Lam（2018）
	D. 供应链可追溯性		Lam（2018）
	E. 供应链有效性		Lam（2018）
	F. 政府激励		Pakdeechoho 和 Sukhotu（2018）
企业层面	A. 组织文化		Tay 等（2015）
	B. 组织声誉		Saeed 和 Kersten（2019）
	C. 组织资源		Christmann（2000）
	D. 组织战略	a. 环境战略导向	Gimenez 等（2012）
		b. 社会战略导向	Golini 等（2014）
		c. 顾客战略导向	Liu 等（2013）
		d. 市场战略导向	Liu 等（2013）
	E. 组织内部压力		Zhu 等（2007）
	F. 组织内部监管		Pei-Fang 等（2014）
	G. 组织灵活性		Cui 等（2011）
	H. 技术灵活性		Cui 等（2011）

影响因素分类		代表文章
企业家层面	A. 高层管理者承诺	Blome 等（2014a）
	B. 高层管理者环境感知力	Chung 等（2016）
	C. 高层管理者管理支持	Ghosh（2019）
	D. 高层管理者领导力	Overstreet 等（2013）
	E. 高层管理者参与度	Wei 等（2019）

综合以上分析，本书整理了企业实施可持续供应链管理的影响因素，并将其划分为 3 个层面，研究每一层面因素与内部、外部可持续供应链管理之间的关系。此外，将地区分布、产业分布、采样方法作为调节变量引入，分析这些变量对两者关系的调节作用。研究框架如图 3.1 所示。

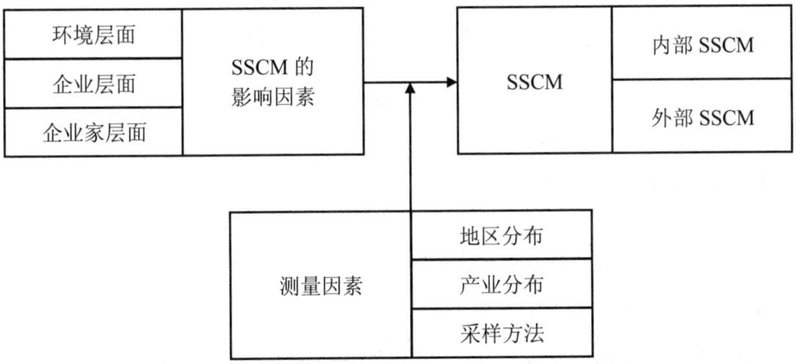

图 3.1 研究框架

3.3 可持续供应链管理的影响因素文献分析

3.3.1 文献处理

在 Elsevier、Springer-Link、Emerald、Wiley 等平台进一步检索以涵盖更多相关研究。使用“可持续供应链管理”（sustainable supply chain management）、“绿色

供应链管理"（green supply chain management）、"供应链整合"（supply chain integration）、"供应链协作"（supply chain collaboration）、"绿色采购"（green procurement）等相关术语进行检索。

在检索过程中，先根据标题、摘要与研究目的的匹配程度对文献进行初步筛选，将所得文献导入 Endnote 软件，在软件中根据文献标题和摘要进行二次筛选，获得 105 篇初始文献。其中，案例研究 4 篇，未报告样本量和相关系数（或其他可转换统计指标）的文献 9 篇，最终筛选得到 92 篇有效文献。

此外，根据可持续供应链管理的两个维度（内部、外部）将编码数据分为两类，根据可持续供应链管理影响因素的 3 个层面（环境、企业、企业家）可将数据再细分为 6 类。因此，在内部、外部两个维度上可以分别比较不同层面影响因素与可持续供应链管理的相关关系。

将能够表征变量间关系的统计量（如相关系数、回归系数和路径系数等）转化为统一的效应值（effect size，ES）。每篇文章的效应量见附录 B。

$$ES = 0.5\ln\frac{1+r}{1-r}$$

3.3.2 样本描述

由表 3.2 可知，文献主要来源于以下 6 个期刊：*International Journal of Production Economics*（《国际生产经济学杂志》）、*International Journal of Operations & Production Management*（《国际运营与生产管理杂志》）、*Journal of Business Ethics*（《商业伦理学杂志》）、*International Journal of Production Research*（《国际生产研究期刊》）、*Journal of Cleaner Production*（《清洁生产杂志》）、*Supply Chain Management：An International Journal*（《供应链管理杂志》）。

表 3.2 文献来源期刊分布

期刊	文献数量/篇
Business Process Management Journal（《业务流程管理杂志》）	1
Corporate Governance：the International Journal of Business in Society（《公司治理：商业社会国际杂志》）	1
Decision Sciences（《决策科学》）	2

期刊	文献数量/篇
Engineering Management Journal（《工程管理杂志》）	1
Industrial Management & Data Systems（《工业管理与数据系统》）	1
Journal of International Management（《国际管理杂志》）	1
International Journal of Operations & Production Management（《国际运营与生产管理杂志》）	9
International Journal of Physical Distribution & Logistics Management（《物资流通与后勤管理国际期刊》）	3
International Journal of Production Economics（《国际生产经济学杂志》）	18
International Journal of Production Research（《国际生产研究杂志》）	8
International Journal of Productivity and Performance Management（《国际生产力和绩效管理杂志》）	1
Journal of Business Ethics（《商业伦理学杂志》）	9
Journal of Cleaner Production（《清洁生产杂志》）	6
Journal of Management（《管理杂志》）	1
Journal of Manufacturing Technology Management（《制造技术管理杂志》）	5
Journal of Operations Management（《运营管理杂志》）	4
Journal of Purchasing and Supply Management（《采购与供应管理杂志》）	2
Journal of Supply Chain Management（《供应链管理杂志》）	2
Omega-International Journal of Management Science（《欧米茄-国际管理科学学报》）	1
Production and Operations Management（《生产与运营管理》）	4
Smart and Sustainable Built Environment（《智能可持续建筑环境》）	1
Supply Chain Management：An International Journal（《供应链管理》）	6
Academy of Management Journal（《美国管理学会学报》）	1
The International Journal of Logistics Management（《国际物流管理杂志》）	1
Transportation Research Part E：Logistics and Transportation Review（《交通运输研究 E 辑：物流与运输评论》）	2

从研究地区分布（图 3.2）来看，有 13 篇文献使用跨国数据，27 篇文献研究发达国家的企业，32 篇文献研究发展中国家的企业，其中 18 篇文献研究中国企业。

从发表时间（图 3.3）来看，2010 年以来关于可持续供应链管理的文献数量较多，说明可持续供应链管理越来越受到研究者的关注。

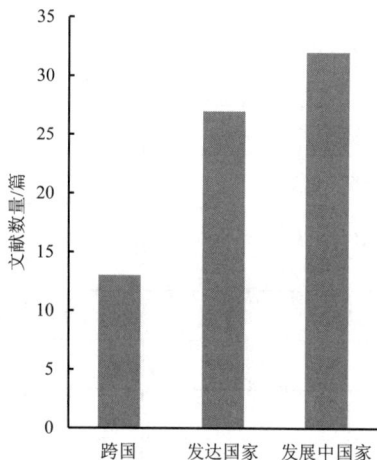

图 3.2　文献研究地区分布

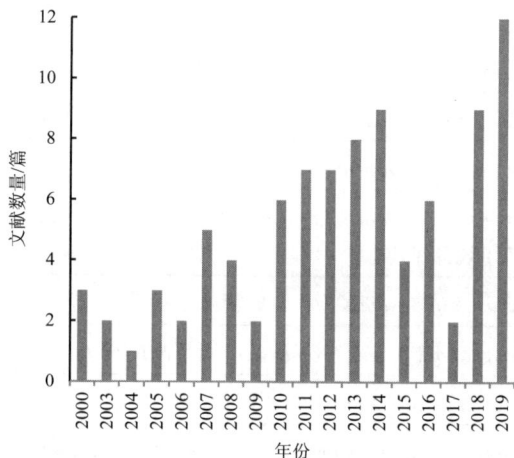

图 3.3　文献发表时间

从行业分布（图 3.4）来看，大部分研究中的企业都集中于制造业，如汽车工业、电子电气工业、化工工业、纺织业、玩具业等。少数研究集中于服务业，也有部分研究对制造业和服务业都进行了研究。Kassinis 和 Soteriou（2003）对欧洲酒店行业可持续供应链管理进行了研究；Cantor 等（2013）研究了美国艾奥瓦州环境组织的可持续供应链管理情况；Luzzini 等（2015）对欧美国家（地区）的制造业、酒店餐饮业、金融服务业等进行了研究。

从抽样方法（图 3.5）来看，92 篇文献中，6 篇文献未报告抽样方法，28 篇文章采用随机抽样，5 篇文献采用便利抽样，1 篇采用雪球抽样，1 篇采用立意抽样，剩余 51 篇文献样本来源于数据库、政府工作报告或其他二手数据资料。

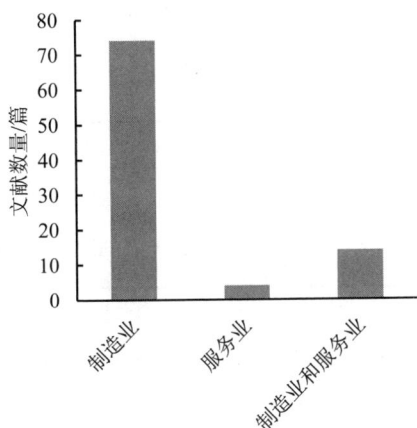

图 3.4　文献研究行业分布

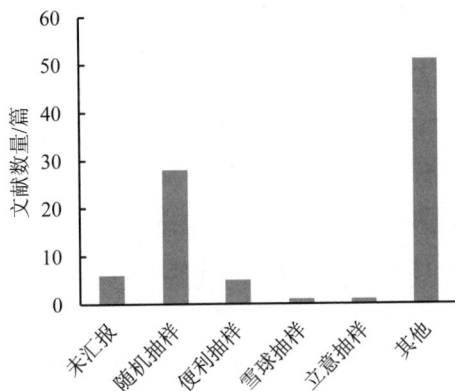

图 3.5　抽样方法

从问卷填答者职位（图 3.6）来看，92 篇文献中，9 篇文献未报告问卷填答者的职位信息，8 篇文献问卷填答者是普通员工（如采购部门员工、销售部门员工等），28 篇文献问卷填答者为中层管理者（如采购部门经理、制造部门经理、销售部门经理等），47 篇文献中问卷填答者为高层管理者（如 CEO、总经理、副总经理等）。

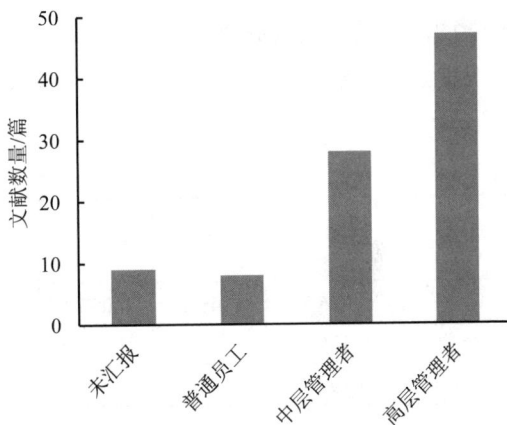

图 3.6　问卷填答者职位分布

3.3.3　元分析结果

异质性检验是对多个独立样本之间的差异性进行分析，是元分析必不可少的步骤。若研究之间存在异质性，则需要选择随机效应模型予以矫正。异质性检验通常使用两种统计量，即 Q 检验和 I^2 检验。利用 Stata 对所收集文献中的 206 个效应量进行异质性检验，结果见表 3.3，Q 为 5 199.21（远大于临界值 205），I^2 为 96.06%（大于 50%），表明样本存在异质性，因此选用随机效应模型。

表 3.3　整体效应和异质性检验

模型	综合效应值	95%置信区间		Z	p	n	异质性检验		
		上限	下限				Q	I^2	p
固定效应	0.275	0.266	0.283	65.22	0.000	206	5 199.21	96.06%	0.000
随机效应	0.361	0.324	0.398	18.95	0.000	206			

本书将可持续供应链战略分为两个维度（内部、外部），将样本分为两组，分析不同层面影响因素与可持续供应链管理的相关关系。

由表 3.4 可知，环境层面影响因素与外部可持续供应链管理的综合相关系数为 0.075 7，企业层面影响因素与外部可持续供应链管理的综合相关系数为 0.435 4，企业家层面影响因素与外部可持续供应链管理的综合相关系数为 0.490 8，且结果均具有显著性（$p<0.01$）。对于外部可持续供应链管理，不同层面因素对其影响依次为企业家>企业>环境。

表 3.4　外部 SSCM 组间比较

分类	综合效应值	n	标准误	95%置信区间		Z	p
				上限	下限		
环境	0.075 7	46	0.006 1	0.063 7	0.087 7	12.379 0	0.000 0
企业	0.435 4	38	0.010 8	0.414 3	0.456 5	40.481 0	0.000 0
企业家	0.490 8	16	0.014 9	0.461 6	0.520 0	32.912 0	0.000 0

由表 3.5 可知，环境层面影响因素与内部可持续供应链管理的综合相关系数为 0.317 5，企业层面影响因素与内部可持续供应链管理的综合相关系数为 0.462 8，企业家层面影响因素与内部可持续供应链管理的综合相关系数为 0.273 2，且结果均具有显著性（$p<0.01$）。对于内部可持续供应链管理，不同层面因素对其影响依次为企业>环境>企业家。

表 3.5　内部 SSCM 组间比较

分类	综合效应值	n	标准误	95%置信区间		Z	p
				上限	下限		
环境	0.317 5	45	0.013 7	0.290 7	0.344 4	23.166	0.000 0
企业	0.462 8	35	0.012 9	0.437 6	0.488 1	35.920	0.000 0
企业家	0.273 2	16	0.014 3	0.245 3	0.301 2	19.140	0.000 0

为研究潜在变量对两者关系的调节作用，本书采用 Meta 回归分析作进一步检验。将可持续供应链管理及其影响因素之间的相关关系作为因变量，将地区分布、产业分布和抽样方法作为协变量，根据样本量大小计算权重，采用约束极大似然估计进行检验。回归系数的正负、大小将反映潜在变量的变化对两者之间关系的影响。

本书选取 3 个测量因素作为潜在调节变量，并对变量采用 0～1 编码，包括产业分布（1=制造业，0=其他产业）、抽样方法（1=随机抽样，0=其他方法）、问卷填答者职位信息（1=中高层管理者，0=其他职位）。

Meta 回归分析结果显示，地区分布的回归系数为负（−0.022），但结果并不显著；产业分布的回归系数为正（0.141），通过显著性检验（$p < 0.1$）；问卷填答者职位的回归系数为正（0.260），且结果显著（$p < 0.01$）。因此，在选取的 3 个潜在调节变量中，产业分布和问卷填答者职位对影响因素和可持续供应链管理之间的相关关系具有正向调节作用。

表 3.6　调节作用

潜在调节变量	B	SE	t	$p > \|t\|$	95%置信区间	
					上限	下限
地区分布	−0.002	0.450	−0.06	0.951	−0.092	0.086
产业分布	0.141	0.040	3.50	0.001	0.061	0.221
问卷填答者职位	0.260	0.056	4.66	0.000	0.150	0.371

3.4　小结

本书对 2000—2019 年可持续供应链管理影响因素的相关文献进行梳理和分析，得出以下结论。

第一，由于具有不同的外部环境、组织特性和高管团队，不同企业在是否实施可持续供应链管理以及采取哪些可持续供应链管理方面存在差异。影响企业实施可持续供应链管理的因素涵盖企业经营环境的各个层面，不同层面的影响因素对企业可持续性实践存在不同程度的影响。

第二，企业在实施外部可持续供应链管理时，高层管理者的环境感知力、领导力等企业家特性对相关决策具有重要影响，其次分别是组织特性、环境特性；企业在实施内部可持续供应链管理时，组织文化、内部监管、战略导向等组织特性对相关决策具有首要影响，其次分别是环境特性、企业家特性。

第三，选取 3 个测量因素作为潜在调节变量，分析结果表明，产业分布和问卷填答者职位对可持续供应链管理影响因素和可持续供应链管理之间的相关关系具有正向调节作用。当采样地区为单一国家，由中高层管理者填答问卷时，可持续供应链管理影响因素和可持续供应链管理之间的相关关系更加显著。

第四，将可持续纳入供应链管理及企业发展的未来趋势，以上分析可以为企业实施可持续供应链管理提供以下建议：首先，高层管理团队应正确识别外部环境中的机会和风险，准确识别市场和顾客需求，作出正确的战略决策；其次，组织应将可持续理念融入组织文化、战略导向、员工参与等方面，在供应链方面采取相关措施以降低成本并赢得优势；最后，公众、政府、供应商等构成组织生存的外部环境以及来自公众、政府、供应商等多方的压力是企业采取可持续供应链管理的重要影响因素，政府也可以发挥重要的激励作用。

第二篇

环境层面的影响因素

第 4 章
制度因素的影响

4.1 制度因素的重要性

改革开放以来，中国在世界经济体系中的地位不断提升，中国经济总量的快速跃升被誉为"中国式发展奇迹"。从中华人民共和国成立之初的经济困乏到如今成为世界第二大经济体、第一大工业品制造国，中国经济实现了量上的快速扩张。然而，粗放单一的经济发展模式对资源环境造成了严重破坏。为提高人民的生活水平，在经济总量取得巨大飞跃后，我国开始更加重视经济的可持续发展。

在 2021 年全国两会上，"碳达峰"与"碳中和"被首次写入政府工作报告，吸引了国内诸多学者和企业家的目光。2021 年 4 月 22 日国家主席习近平出席领导人气候峰会时指出，中国将生态文明理念和生态文明建设写入《中华人民共和国宪法》，纳入中国特色社会主义总体布局。并且，习近平主席提出中国力争2030 年前实现碳达峰、2060 年前实现碳中和。若要达到这一目标，势必需要中国的企业积极主动进行绿色转型。制造业依赖资源要素投入，且生产过程易产生废料、污水、有害气体，因此在推进我国碳达峰、碳中和的进程中，如何有效降低制造业企业的环境污染成为学术界、政府和社会公众共同关注的话题。

学术界多从制度理论的视角研究企业环境污染与其经营绩效之间的关系，认为企业的环境污染行为（如排放有害气体、污染水资源等）会导致企业在制度上的合法性降低，使企业获得资源、构建竞争力的能力降低，从而使其经营绩效受到负面影响。已有的相关文献仅关注环境污染事件对企业股票市场的短期影响，对于其对企业长期经营绩效的影响缺乏深入的研究。

与此同时，已有的研究发现，一些制度上的因素能够调节环境污染事件对企业经营绩效产生的影响。部分学者认为环境规制作为一种规制性制度可以通过提升技术创新水平来提高企业的产能利用率（刘建勇和李晓芳，2018；成琼文和余升然，2018；韩国高，2018），降低企业因环境污染而受损的可能性。有的学者认为企业履行社会责任可以让企业更好地满足规范性制度的要求，提升企业的合法性，在一定程度上能够减弱利益相关主体对企业的负面评价（Zhang et al.，2016；Zheng et al.，2014）。在经济转型过程中，具有政治关联的企业比一般企业受到更多的关注和监督，承载了利益相关主体更高的期望。因此，从认知性制度的角度来讲，当具有政治关联的企业违背认知性制度时，可能会受到更严厉的惩罚。已有的关于企业环境污染对企业经营绩效的具体影响机制的研究较少关注企业主观能动性发挥的作用，而随着我国制造业技术创新水平的不断提高，企业运营柔性不断增强，其动态调整能力发挥的作用也越来越重要。

为此，本书基于制度理论，从营运、偿债、成长三个方面研究了环境污染事件对企业长期经营绩效的影响，并从外部制度因素视角研究了环境规制的调节作用；基于三种制度压力，从企业自身应对的视角研究了企业运营柔性、企业纳税责任、政治关联的调节作用。下文将重点介绍该研究的主要理论依据、方法和结论。

4.2　制度理论研究框架

制度理论源于学者 DiMaggio 与 Powell（1983）提出的研究问题——让不相同的组织变得相似的原因是什么？他们发现，社会规范、具有象征意义的符号、准则、信念能够促使组织朝相似的方向发展。由此提出的制度理论认为制度是一种能够约束和影响组织结构与行为的办事规程或行为准则。该理论关注的是制度是怎样被确立为社会行为或组织发展的权威指南的，重点关注在驱使组织朝相似的方向发展的制度压力下，组织是如何调整自身经营战略与生产方式实现同形发展的（Zeng et al.，2012）。遵从制度环境有利于保证企业在大环境下具备合理性地位，让企业顺理成章地得到稀缺资源（Heugens and Lander，2009），也就是说组织的经营与发展既会为博得更多稀缺资源、提升经营绩效的目标所驱动，也会受到在社会竞争环境下是否拥有足够合理性的影响（赵卫宏和孙茹，2018）。组织会为了获得制度上的合法性（或者说正当性）、满足社会期望而逐渐趋于同形。

制度理论区分了三个层面的制度类型：规制性制度、规范性制度和认知性制度，并使用同构性解释制度因素如何向着一致性的方向影响企业行为（Scott，2008）。规制性制度是指企业的行为决策受到法律、法规、民俗等准则的强制影响；规范性制度是指企业的行为受到其场域内的利益相关者的限制，这些利益相关者通常提供有力的激励使企业服从利益相关者的期待，其合法性建立在道德支配基础之上；认知性制度是企业将外部信息编码到自身的评价、评判、预测和推测系统中，用于帮助企业决策，这种制度压力是一种在潜意识里被人们所接受的规则或惯例（Scott，2008）。

当企业发生环境污染事件时，代表其违背了制度环境，其合法性降低从而使企业面临生存危机。因此本书从制度理论的视角出发，探究其对企业合法性的影响，同时从企业自身应对的视角出发，探究企业在三种制度压力的影响下通过采取相关措施、运用相关资源能否弥补环境污染事件导致的合法性降低，进而缓解其经营绩效受到的负面影响。

4.3 制度因素对可持续的影响

4.3.1 研究方法

本书采用长期事件研究法研究环境污染事件对企业经营绩效的影响。事件研究法是以计量某一事件所引起的在某一期间公司股价的变化为手段，来反映市场因该事件可能对公司未来经营活动和盈利能力影响大小的一种研究方法。按照事件影响持续时间的长短，通常将事件研究法分为短期事件研究与长期事件研究。相较于传统的面板回归方法，长期事件研究法逻辑线索更加清晰明了，能够更直接地计算某一事件的发生对被解释变量的影响（用超额收益来表示），并且事件研究法在匹配对照组时，已经排除了可能存在的内生性问题。

事件分析法

事件分析法（event study methodology，ESM）是一种用于研究重大事件对公司层面变量短期影响的计量方法。在以往研究中，该方法主要用于金融领域，且主要用来衡量某一特定事件对公司股票价格的影响。

事件分析法大致可分为以下几步：数据准备——定义事件、选择事件发生日期、选取样本范围、确定事件窗口、确定估计窗口；数据分析——计算距离事件发生的天数、定义事件和估计窗口、估计正常表现、估计异常表现、显著性检验、全部事件的稳健性检验。具体步骤如下所示。

第一步：定义事件

事件是指可能对感兴趣的因变量产生影响的相关政策或措施。在金融领域，事件通常集中于公司的兼并、收购等行为；在市场营销领域，事件通常为新产品的推出、不良宣传或召回等。

第二步：选择事件发生日期

在该步骤中，最常见的问题是一个事件的发生会有多个日期，在这种情况下，通常的建议是可采用产品第一次进入市场的日期作为事件发生的日期（Fama et al.，1969；McWilliams and Siegel，1997；Sorescu et al.，2017）。

第三步：选取样本范围

在选择样本时，需要秉持两个原则：一是样本的时间范围需要覆盖整个事件窗口；二是样本所覆盖的时间范围需要保证没有其他事件的干扰。这两个原则对数据提出了极高的要求，并且在大多数情况下都存在样本量不足的问题。一个可行的解决办法是采用频率更高的数据，如日度数据。

第四步：确定事件窗口（event window）

事件窗口通常会选择事件发生日期前后的几天、几周或几个月。在这一步，一个重要的原则是事件窗口覆盖的时间应该尽可能缩短，来排除同时期其他事件的干扰。

第五步：确定估计窗口（estimation window）

事件分析法衡量一个事件产生影响的思路是：在一定时间范围内，计算这段时间里出现的日异常收益率（该期实际收益率减去预期收益率或正常收益率）以及其累计值。其中，预期收益率的计算分为以下两步：首先，利用估计窗口期的相关数据和选定的收益率模型估计相应的参数；然后，根据估计参数和事件窗口的数据来计算事件窗口期的预期收益率。一般情况下，估计窗口为事件发生前一段时间，并且估计窗口与事件窗口不可有交集。

第六步：计算距离事件发生的天数

第七步：定义事件和估计窗口

第八步：估计正常表现

第九步：估计异常表现

第十步：显著性检验

在这一步，需要通过 t 检验来判断异常收益率是否显著异于 0。该检验的公式如下：

$$TEST = \frac{\sum AR / N}{AR_{SD} / \sqrt{N}}$$

式中，AR——异常收益率；

　　　　N——样本量；

　　　　AR_{SD}——异常收益率的标准差。

如果 AR>1.96，那么可以在 5%的显著性水平上拒绝原假设，即平均异常收益率显著异于 0。

第十一步：全部事件的稳健性检验

最后，除了看每个公司内部的异常收益率，还可以进行一个全样本的稳健性检验。同样希望 $p<0.05$，这样就可以在 5%的显著性水平上拒绝异常收益率等于 0 的原假设。

本书采用长期事件研究法进行主效应的假设检验，具体步骤如下。

（1）定义事件变量以及事件窗口期

长期事件研究法需要定义事件的基准年（即事件期的起始年）、事件窗口期（事件产生影响的时间范围）。本书将事件年（第 0 年）定义为企业发生环境污染事件并公告的年份。若企业在某一年份发生了环境污染事件，则该年度对应的事件变量取值为 1。由于企业产生污染环境的行为到被举报、查办，中间有一定的时间，因此将事件的基准年定义为环境污染事件发生的前 1年（即-1 年）。由于我们关注环境污染事件的长期影响，本研究计算了从环境污染事件基准年开始算起的之后 3 年（第0 年、第 1 年、第 2 年）中累计异常绩效的变化。事件研究法窗口期如图 4.1 所示。

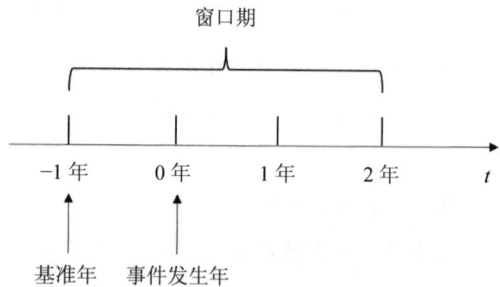

图 4.1 事件研究法窗口期示意图

（2）为每个样本企业匹配对照组企业

本书参照运用事件研究法的经典文献的做法（Hendricks et al.，2007），创建了一套匹配规则。具体来讲按行业、公司规模和经营绩效指标（一般为总资产收益率）三个因素进行匹配。在 Barber 和 Lyon（1996）之后的研究中，细分行业成为匹配因素之一。因此，在行业方面，本书在同属制造业行业的公司范围内寻找对照组。在规模方面，每个对照组公司的总资产是样本公司总资产的 50%～200%（Hendricks and Singhal，2008）。在经营绩效方面，对照组的具体经营绩效总资产收益率是样本公司的 90%～110%。需要注意的是，本书中若某一公司在某一年份发生了环境污染事件，则解释变量取值为 1，存在一些公司在两个或两个以上年份发生了环境污染事件。由于企业本身的总资产和总资产收益率会随着时间的推移产生变化，因此对于在不同年份发生环境污染事件的企业均需要重新匹配对照组企业。平均每个环境污染事件样本对应 44 家对照组企业。匹配对照组企业的筛选过程如图 4.2 所示。

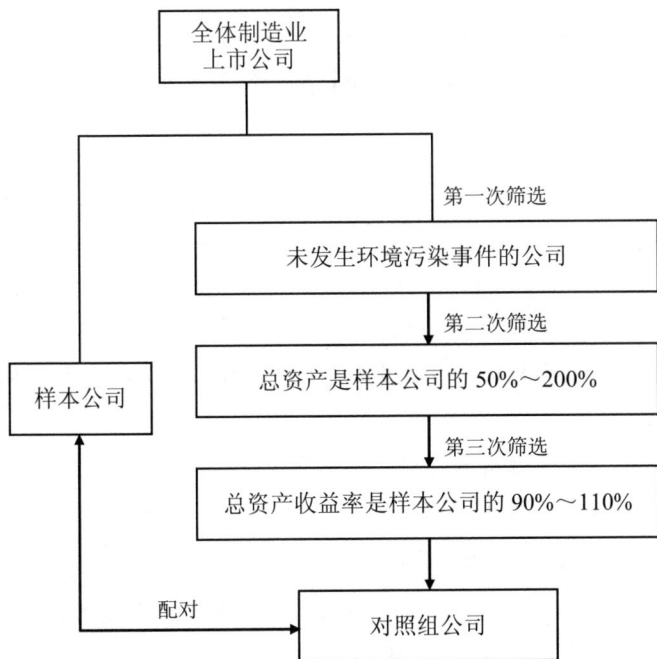

图 4.2　匹配对照组示例

（3）检验异常绩效

之后，检验样本公司是否产生了显著的异常绩效：

$$EP_t = \text{pre-event performance}_{-1} +$$
$$\text{changes in median performance of control firms}\,(t_i - t_{-1})$$

$$AP_t = \text{actual performance}_t - EP_t$$

式中，EP_t——样本公司的期望绩效；

AP_t——样本公司的异常绩效。

其中，期望绩效是样本公司事件基准年（第−1 年）的绩效加上对照组公司绩效指标的中位数在观测期间的绩效变化。分别计算累计异常绩效（第 1 年到第−1 年）和每年的异常绩效（第−1 年到第 0 年、第 0 年到第 1 年）。公司异常绩效即为实际绩效与期望绩效相减。

得到每个发生环境污染事件的样本公司的异常绩效后，我们主要使用Wilcoxon 符号秩检验（WSR 检验）来检验这一异常绩效是否与 0 显著不同（因为 WSR 检验比参数 t 检验受离群值的影响小）。并且，通过观测异常收益率为正的样本在全体样本中所占百分比是否大于 50% 来判断环境污染事件对于企业经营绩效的影响方向。

Wilcoxon 符号秩检验

Wilcoxon 符号秩检验（WSR 检验）是一种非参数检验，其在不假设数据服从正态分布的前提下，判断相应的数据总体分布是否相同，也就是说如果数据之间的差异是非正态分布的，则应使用 Wilcoxon 符号秩检验。

Wilcoxon 符号秩检验的零假设（H_0）是两个样本的中位数相等，它通常用于作为单样本 t 检验/配对 t 检验的非参数替代或者是对于没有数学刻度的有序（排序）分类变量。该方法的具体步骤如下：

①对 $i=1$，…，n，计算 $|X_i-M_0|$，代表这些样本点到 M_0 的距离。

②把上面的 n 个绝对值排序，并找出它们的 n 个秩，如果它们有相同的样本点，每个点取平均秩（如 1、4、4、5 的秩分别为 1、2.5、2.5、4）。

③令 $W+$ 等于 $X_i-M_0>0$ 的 $|X_i-M_0|$ 的秩的和，而 $W-$ 等于 $X_i-M_0<0$ 的 $|X_i-M_0|$ 的秩的和。

④对双边检验 $H_0：M=M_0 <=> H_1：M\neq M_0$，在零假设下，$W+$ 和 $W-$ 应差不多。因而，当其中之一很小时，应怀疑零假设。在此，取检验统计量 $W=W+$ 或 $W=W-$。

⑤根据得到的 W 值，利用统计软件或查 Wilcoxon 符号秩检验的分布表以得到在零假设下的 p 值。如果 n 很大要用正态近似：得到一个与 W 有关的正态随机变量 Z 的值，再用软件或查正态分布表得到 p。

⑥如果 p 较小（比如小于或等于给定的显著性水平，如 0.05），可以拒绝零假设；如果 p 较大则没有充分的证据来拒绝零假设，但不意味着接受零假设。

4.3.2 样本和数据

本书通过 Wind 数据库获取了 2 885 家制造业上市公司的企业年报，从而获取制造业上市公司的经营绩效相关数据（具体包括总资产收益率、总资产、存货周转率、应收账款周转率、资产负债率、速动比率、净利润增长率、营业收入增长率等）、股东持股比例、企业成立时间、企业总部所在地、企业产权性质等企业基本信息相关数据。本书还从 Wind 数据库中获得所得税占利润总额的比例，将其作为企业社会责任的测度方式。公众环境研究中心（Institute of Public and Environmental Affairs，IPE）成立于 2006 年，是一家非营利性环境保护研究机构。IPE 通过环境监管部门、政府网站等收集了企业的环境监管记录，并公示在其官网上，通过与企业、政府、环保组织等合作，完善了企业以及所在地区的环境信息公开并有效促进众多企业进行绿色转型。本书中的制造业企业环境污染事件、企业绿色环保相关的企业运营柔性以及各个地区的污染源监管信息公开（PITI）指数均来源于 IPE 网站。

因变量是企业经营绩效，从营运能力、偿债能力、成长能力三个角度来测量企业的经营绩效，分别研究企业环境污染事件对这三方面经营绩效的影响。在营运绩效方面，企业营运绩效包括企业资金营运周转能力和企业库存营运周转能力。本书主要探究环境污染事件对企业资金营运周转能力的影响，因此采用应收账款周转率（营业收入/平均应收账款余额）进行衡量。这一指标反映了企业应收账款的周转速度，能够体现企业在发生环境污染事件后，面临风险时的资金周转状况。同时采用存货周转率［销售（营业）成本/平均存货］作为稳健性检验中的测量指标。在偿债绩效方面，企业偿债绩效一般分为长期偿债能力和短期偿债能力。由于本书主要研究环境污染事件对企业长期经营绩效的影响，研究的时间单位为年，因此选择资产负债率来衡量企业的长期偿债能力。同时，本书在偿债绩效的稳健性检验中选择速动比率来衡量企业的短期偿债能力。在成长绩效方面，本书选取净利润同比增长率作为测量指标，可以最大限度地排除非经营性收入和其他业务收入造成的干扰。同时，本书在成长绩效的稳健性检验中选择营业收入同比增长率来衡量企业的成长绩效。

自变量是环境污染事件，本书采用事件研究法，是通过检验样本公司和控制组公司的经营绩效之间的差值是否显著不等于 0 来说明环境污染事件是否会对企业经营绩效产生显著的影响。借鉴以往运用长期事件研究法的文献中的做法，若某一企业在某一年份发生了环境污染事件被 IPE 记录下来，则该变量取值为 1，否则取值为 0。

　　结合已有的对于环境污染以及企业绩效的研究，本书采取的控制变量包括企业规模、企业年龄、股权集中度、企业行业属性（控制变量的观测时间点均为环境污染事件发生的前两年年末）。其中企业规模采用的是企业总资产的自然对数进行测量，对于制造业企业来说，规模生产一般能为企业降本增效，产生显著的规模效应，从而对企业经营绩效产生影响。股权集中度用第一大股东的持股比例进行测量，企业的股权集中度反映了企业的治理结构，一定程度上影响了企业的治理效率，因而也会影响企业的长期经营绩效。企业行业属性（制造业下属的二级子行业：C13～C43）设置若干个哑变量进行测量，不同的行业属性使企业的生产经营周期、资金结构等存在显著的差异。企业年龄即企业成立至今的存续经营时间，制造业企业的成立年限一般与企业在某一制造领域的竞争地位相关，也可能影响企业的经营绩效。

　　本书的调节变量包括环境规制、企业运营柔性、企业纳税责任、政治关联。本书研究的环境规制是信息披露型的环境规制，参照占华和后梦婷（2021）的测量，通过 PITI 指数来观测信息披露型环境规制，有 PITI 记录的是进行了环境信息披露的地区，取值为 1，否则取值 0。企业运营柔性使用 IPE 数据库中企业反馈条目下的数据进行测量，具体为：企业在研究时间区间内是否就 IPE 披露的环境监管记录，主动向 IPE 进行过与绿色生产经营改造相关的反馈，若进行过反馈，则记为 1，否则记为 0。本书对于环境污染事件的研究时间区间为 2016—2020 年，但考虑到制造业企业对其生产设备、技术或流程进行绿色改造一般所需时间较长，并且完成改造后一般也需要申请相关部门进行审核认定，某些 2020 年发生环境污染事件的企业可能需要 1～2 年才完成改造的全部流程并将相关文件提交给 IPE 进行审核。因此，本书将 2016—2022 年作为企业运营柔性这一变量的观测区间。企业纳税责任变量的观测时间为环境污染事件发生前的一年。按照法律的规定，企业必须定期纳税，企业自觉主动地纳税是承担对政府的责任，政府才能够对社会进行再分配（宋岩等，2017），因此，本书选取所得税占利润总额比作为企业履行纳税责任的测量方式。当企业为国有控股公司时（包含中央国有企业和地方国有企业），政治关联虚拟变量取值为 1，否则取值为 0。各变量测量方式如表 4.1 所示。

表 4.1 各类变量测量说明表

变量类型	变量名称	变量测度
被解释变量	企业绩效的异常收益	运营绩效—应收账款周转率、存货周转率
		成长绩效—净利润同比增长率、营业收入增长率
		偿债绩效—资产负债率、速动比率
解释变量	环境污染事件	虚拟变量，若企业某一年在 IPE 上有环境监管记录，则该变量在当年取值为 1，否则取值为 0
控制变量	公司规模	公司期末总资产的自然对数
	股权集中度	第一大股东持股比例
	企业年龄	企业迄今为止的成立时间
	行业属性	以制造业下的二级行业分支设置哑变量（C13~C43）
调节变量	政治关联	哑变量，当公司为国有控股公司时，取值为 1；否则取值为 0
	环境规制	PITI 指数（哑变量，公司总部所在城市进行信息披露时，取值为 1；否则取值为 0）
	企业纳税责任	所得税占利润总额的比例
	企业运营柔性	企业是否就 IPE 披露的环境监管记录，主动向 IPE 进行过与绿色改造相关的反馈（0 代表未进行过相关整改，1 代表进行过相关整改）

4.3.3 实证结果与讨论

本书利用长期事件研究法对 2016—2020 年的数据进行分析，探究环境污染事件与企业经营绩效之间的关系，并检验了环境规制、企业运营柔性、企业纳税责任与政治关联的调节作用，得出以下主要结论。进一步利用上文构建的替代指标分别替代了因变量后，回归结果显著一致，表明本书的研究结果是稳健的。

第一，环境污染事件能够对企业营运绩效产生显著的正向影响，对企业偿债绩效和成长绩效产生显著的负向影响，说明环境污染事件带来的合法性缺失导致企业的资金偿付能力和长期发展能力显著下降。本书以累计异常收益率和逐年异常收益率考察环境污染事件对企业营运绩效的影响。

①对营运绩效的影响。通过表 4.2 与表 4.3 中的实证研究结果发现，环境污染事件发生后的第 0 年、第 1 年、第 2 年，企业营运绩效产生的异常收益率分别

在 10%、5%、1%的显著性水平上大于 0。与此同时，样本公司在第-1 年到第 0 年产生了显著为正的异常收益率，在第 0 到第 1 年和第 1 到第 2 年均未产生显著的异常收益率，即环境污染事件会对企业营运绩效产生显著的正向影响。企业营运绩效显著上升主要是由于发生环境污染事件后，企业在面临经营风险上升的问题时，采取了主动收紧信用政策的措施，增强资金营运能力，而主营业务收入在事件发生后的第 0 年到第 1 年并未因环境污染事件受到显著的影响。因此，综合这两方面的作用来看，环境污染事件对企业营运绩效产生了显著的正向影响。随着时间的推移至事件发生后的第 2 年，企业声誉逐渐恢复，主营业务随之逐渐恢复，在其主动调整经营策略、进行生产改进、收紧信用政策等多方面综合作用下，营运绩效产生了显著为正的异常收益率。

②对偿债绩效的影响。由表 4.2 可知，环境污染事件发生后的第 0 年和第 1 年偿债绩效的累积异常收益率均不显著，环境污染事件发生后的第 2 年，企业偿债绩效产生的异常收益率在 1%的显著性水平上小于 0，异常收益率的中位数为 -2.442 1，代表发生环境污染事件的企业的资产负债率比对照组企业低 2.442 1%（中位数），有 44.13%的样本的累计异常收益率为正。由表 4.3 可知，事件发生的第 0 年和第 1 年，企业均未产生显著的逐年异常收益率。事件发生后的第 2 年，企业偿债绩效产生的逐年异常收益率在 5%的显著性水平上小于 0，即结果表明，环境污染事件对企业的偿债绩效产生了显著的负向影响。环境污染事件使企业的声誉下降并且企业有可能需要暂停经营进行整改，其日常经营受损以及在融资市场上的声誉下降导致企业偿债绩效受损。并且，从上述结果可以看出，偿债绩效的负面效应传导时间相对较长。

③对成长绩效的影响。环境污染事件发生后的第 1 年，企业成长绩效产生的异常收益率在 5%的显著性水平上小于 0，异常收益率的中位数为-10.231 2，代表发生环境污染事件的企业的净利润增长率比对照组企业低 10.231 2%（中位数）。环境污染事件的第-1 年到第 2 年，企业成长绩效产生的异常收益率在 1%的显著性水平上小于 0，异常收益率的中位数为-10.576 7，代表发生环境污染事件的企业的净利润同比增长率比对照组企业低 10.576 7%（中位数）。结果表明，环境污染事件对企业的成长绩效产生了显著的负向影响。环境污染事件造成企业资源浪费、生产过程中断或受损，因而企业的相对竞争力下降，长期成长能力也随之下降。

表 4.2　环境污染事件对企业经营绩效的影响——累积异常收益率

企业绩效	事件前（第-1 年第 0 年）				事件后（第-1 年至第 1 年）				事件后（第-1 年至第 2 年）			
	样本量	中位数	Z	百分比/%	样本量	中位数	Z	百分比/%	样本量	中位数	Z	百分比/%
营运绩效	465	0.041 5	-1.694*	50.75	424	0.082 0	-2.198**	53.77	358	0.220 7	-2.847***	57.26
应收账款余额	465	-0.136 9	-3.009***	41.08	424	-0.240 3	-3.652***	40.57	358	-0.345 3	-3.656***	31.11
主营业务收入	287	6.965 6	-1.403	50.52	246	285.116 5	-0.859	50.00	180	7 930.070 7	-1.978**	54.44
偿债绩效	465	0.375 4	-0.078	51.61	424	-0.967 1	-1.561	45.52	358	-2.442 1	-2.696***	44.13
成长绩效	465	-3.449 3	-1.101	48.17	424	-10.231 2	-2.187**	43.63	358	-10.576 7	-3.027***	45.53

注：*$p<0.1$，**$p<0.05$，***$p<0.01$。（全文同）

表 4.3　环境污染事件对企业经营绩效的影响——逐年异常收益率

企业绩效	事件前（第-1 年至第 0 年）				事件后（第 0 年至第 1 年）				事件后（第 1 年至第 2 年）			
	样本量	中位数	Z	百分比/%	样本量	中位数	Z	百分比/%	样本量	中位数	Z	百分比/%
营运绩效	465	0.041 5	-1.694*	50.75	424	0.032 3	1.470	50.71	358	-0.006 7	0.178	49.72
偿债绩效	465	0.375 4	-0.078	51.61	424	-0.493 8	-1.208	47.41	358	-0.433 4	-2.250**	45.81
成长绩效	465	-3.449 3	-1.101	48.17	424	-5.581 1	-1.650*	46.46	358	-11.285 6	-2.999***	40.78

　　第二，信息披露型环境规制能够显著削弱环境污染事件对企业营运绩效的正向影响。表 4.4 中结果显示，环境规制对企业营运绩效异常收益率的影响在 10% 的显著性水平上为负；全模型 1 调整后 R^2 为 0.037 6，相比控制模型提高了 1.07%，调节作用显著。前文的结果已经证明环境规制能够削弱环境污染事件对企业运营绩效产生的正向影响，信息披露型环境规制使当地的企业为保持自身良好形象而规范自身生产经营。相对于环境规制力度较弱的地区，环境规制力度较强地区的企业若发生了环境污染事件，合法性缺失更为严重，也可能受到更为严厉的处罚，因而导致企业营运绩效所受负面影响更大。

表 4.4　环境规制对营运绩效异常收益率的回归结果

变量	全模型 1	控制模型 1
环境规制（调节项）	-40.016^{*}（-1.904）	
公司规模	2.406（0.791）	2.060（0.674）
股权集中度	0.573（1.008）	0.650（1.140）
企业年龄	3.614^{**}（2.223）	3.576^{**}（2.188）
常数项	-13.416（-0.258）	-39.197（-0.775）
行业	Yes	是
样本量	243	243
F	2.351^{**}	2.115^{*}
R^2	0.065	0.051
Adjust-R^2	0.037 6	0.026 9

注：括号内为标准误，后文同。

　　第三，在规制性制度压力下，部分企业会发挥自身运营柔性进行绿色生产的相关整改。为检验企业运营柔性对企业的调节作用是否显著，本书将发生环境污染事件的样本企业分为两组：已进行绿色生产相关整改的企业为"运营柔性-高"组，未进行绿色生产相关整改的企业为"运营柔性-低"组，对这两组企业分别进行累积异常收益率的检验。检验结果如表 4.5 所示，"运营柔性-高"组在事件发生后的第 0 年、第 1 年、第 2 年均产生了显著为正的累积异常收益率，而"运营柔性-低"组仅仅在事件发生后的第 2 年产生了显著为正的异常收益率。可见，运营柔性高的企业在事件发生后更能够通过主动收紧其信用政策来增强资金流动性，以抵御环境污染事件带来的经营风险。相对运营柔性较低的企业来讲，运营柔性较高的企业在发生环境污染事件后其营运绩效会受到更加显著的正向影响。企业积极进行绿色生产相关的改造，能够使企业更快脱离营运不佳甚至中断的困境，使企业的主要客户更愿意在经营风险发生的情况下保持与其持续合作。运营柔性-高的企业还能够更快速地弥补合法性缺失带来的声誉损失，使企业主要资金对手方更愿意为其提供资金流动性，帮助企业渡过难关。

表 4.5 企业运营柔性对营运绩效的调节作用检验

分组		运营柔性-高	运营柔性-低
事件前 （第-1 年至第 0 年）	样本量	49	434
	中位数	0.456 2	0.002 5
	Z	−2.382**	−0.885
	百分比/%	57.14	50.00
事件后 （第-1 年至第 1 年）	样本量	43	397
	中位数	0.838 1	0.064 0
	Z	−2.922***	−1.268
	百分比/%	60.47	52.90
事件后 （第-1 年至第 2 年）	样本量	34	336
	中位数	1.109 7	0.177 3
	Z	−2.214**	−2.130**
	百分比/%	67.65	55.65

第四，企业积极履行纳税责任能够显著削弱环境污染事件对企业偿债绩效的负向影响。表 4.6 中的结果显示，企业纳税责任对企业偿债绩效异常收益率的影响在 5%的显著性水平上为正，全模型 2 的调整后 R^2 为 0.045 4，相比控制模型提高了 1.36%，调节作用显著。前文的结果证明，企业偿债绩效异常收益率显著为负，也就是说环境规制能够削弱环境污染事件对企业运营绩效产生的负向影响。在规范性制度压力下，企业提升缴税比例，承担更多的社会责任能够使企业在一定程度上弥补环境污染事件导致的合法性缺失，进而使企业能够在投资人、

政府等利益相关主体心中树立起良好形象，促使企业得到更高的授信水平，企业偿债绩效所受负面影响也就因此减弱。

表 4.6 企业纳税责任对偿债绩效异常收益率的回归结果

变量	全模型 2	控制模型 2
纳税责任（调节项）	0.068^{**} (2.089)	
公司规模	-0.769^{**} (-2.079)	-0.708^{*} (-1.908)
股权集中度	0.003（0.042）	0.004（0.057）
企业年龄	-0.148 (-0.751)	-0.137 (-0.688)
常数项	10.475^{*} (1.715)	11.053^{*} (1.799)
行业	是	是
N	243	243
F	2.645^{**}	2.326^{**}
R^2	0.073	0.056
Adjust-R^2	0.045 4	0.031 8

第五，政治关联能够显著削弱环境污染事件对企业成长绩效的负向影响。表 4.7 中的结果显示，对企业营运绩效异常收益率的影响在 10% 的显著性水平上为正，对应的回归系数为 316.524。全模型 3 的调整后 R^2 为 0.000 9，相比控制模型提高了 1%，调节作用显著。前文的结果证明，企业成长绩效异常收益率显著为负，也就是说相比非国有企业，国有企业发生环境污染事件后企业成长绩效所受的负面影响更小。实证研究结果表明，在中国的制度环境下，政治关联能够对污染环境的企业产生"庇护效应"。在认知性制度压力的作用下，政治关联能够为企业的持续经营能力起到有力的支持作用，并可能帮助企业突破一些竞争壁垒和管制，使得企业在发生环境污染事件后与同行相比仍然能够占据较有利的竞争地位，企业成长绩效所受负面影响也因此减弱。

表 4.7　政治关联对成长绩效异常收益率的回归结果

变量	全模型 3	控制模型 3
政治关联（调节项）	316.524*（1.893）	
公司规模	−26.473（−0.910）	−19.322（−0.667）
股权集中度	4.376（0.805）	5.891（1.089）
企业年龄	−22.775（−1.437）	−15.925（−1.027）
常数项	355.336（0.737）	226.731（0.473）
行业	是	是
N	243	243
F	1.032	0.601
R^2	0.030	0.015
Adjust-R^2	0.000 9	−0.01

4.4　小结

该研究为制造业企业提供了有效的实践启示。一是企业规范生产经营流程，加强环保检测。在制造业绿色转型升级的背景下，企业应当对自身生产各项指标进行定期自我检测，保证企业合规经营，重视全流程绿色生产。二是企业要提升企业运营柔性，加强绿色创新能力，为企业降本增效。制造业企业应当加快构建学习型组织，提升企业绿色创新能力，引入绿色智能生产设备与技术，提升自身运营柔性。三是企业应当积极履行纳税责任。制造业企业除了关注自身经济绩效的实现以外，也应当主动承担更多社会责任，提升自身缴税比例，助力政府再分配，这有利于企业建立良好的社会形象，为企业提供更多的授信水平，从而能够保持更好的资金偿付能力。

另外，研究结果也为政府提供了一定的政策建议。第一，加强环境规制力度，加强地区和企业的环境信息披露，严厉打击污染环境的违法生产经营行为。政府可以出台相关政策，督促省、市、县各级政府定期披露环境违法信息与地区环境绩效，将责任落实到人，从源头处掐断污染。第二，合理制约政府官员的权力，在环境污染事件的处理上做到公正、公平、公开。在中国当今的制度环境下，政治关联仍然能够为企业提供庇护。因此，政府应当加大对公权力的监督，清查徇私舞弊行为，严格执行环境保护法规相关条例。第三，加大对制造业企业绿色经营在技术、资金、人才等方面的支持力度。政府应当合理引导制造业绿色转型升级，整合某些产能过剩的制造行业，加快生产经营集约化、规模化，并在技术、资金、人才等方面加大投入，促使我国制造业在全球价值链中发挥更大的作用。

第 5 章
环境不确定性的影响

5.1 环境不确定性的重要性

近年来，组织在商业环境中面临着更大的风险，并面临着自然灾害、经济纠纷和社会事件引发的供应链意外中断（Scholten et al.，2020）。全球产能过剩、债务过高、地缘争端、经济疲软等问题，早已让全球经济变得脆弱，在不断强调精益、零库存、供应商少源、物流集中的趋势下，供应链在精细化的同时也产生了脆弱性。疫情的暴发叠加几年来累积的不确定因素，让风险通过供应链传导全球，再一次凸显了供应链管理的升级在不确定的环境中举足轻重的作用。无论是供应链中发生的诸如需求不确定、设备故障等固有的每日运营风险，还是小概率发生的事件（如自然灾害、事故灾难、社会安全事件等）引起的重大中断风险，供应链在发展过程中所面对的风险愈加多样，这对供应链中的每个环节及整体的绩效都有很大的影响。供应链可持续发展还要时刻关注外界环境变化，通过合理平衡资源，保持供应链在突发情况下仍能稳定运行，甚至爆发出更强的生命力。为了应对外部环境的不确定性，组织往往会增强其柔性和适应性（Yu et al.，2018a，2018b；Rojo et al.，2016；Tachizawa and Thomsen，2007；Pujawan，2004；Vickery et al.，1999）。

在不确定的环境中，常规和灵活性都很重要，不确定环境是一种信息质量低的外部环境状态（Yu et al.，2018a；Milliken，1987）。不同企业处于供应链的不同环节且面临不同制度环境，加之企业内部战略导向和高层管理者信念等都存在差异，因此，不同企业在是否实施可持续供应链管理、实施哪些可持续供应链管理实践等方面都存在差异。为了应对环境的不确定性，基于探索性学习的运营灵活性和基于开发性学习的运营常规非常重要。

尽管之前的研究经常强调灵活性在应对不确定性方面的重要性，但常规的影响在很大程度上被忽视了。基于组织学习视角下的双元性理论，本研究旨在阐明过程双元性的潜在机制，以平衡运营灵活性和应对环境不确定性的运营常规。本研究将该理论扩展到流程管理，并提出了流程双元性如何平衡运营灵活性和运营常规，并提出常规也是一种重要的战略类型，区分灵活性或常规优势的不同条件；同时本研究还解释了组织如何通过过程双元性将环境不确定性（一种具有低质量信息的外部环境状态）转化为风险（对组织有害的结果）的相关机制。

为此，本研究基于环境不确定性理论，分析环境不确定性对企业运营灵活性和运营常规的影响，并验证了组织冗余在这一机制中的调节作用。下文将重点介绍本研究的主要理论依据、方法和结论。

5.2 不确定性的相关理论

环境由内部环境和外部环境构成，其中外部环境可以分为任务环境和宏观环境，具体可分为需求环境、消费环境、市场环境、竞争环境、产业环境以及行业环境等。不确定性指人们预知到的环境和组织中的意外事件的不可预知性（Ashill and Jobber，2010；Pfeffer and Salancik，1978）。

环境不确定性可以分为客观环境不确定性和感知的环境不确定性，客观环境不确定性用于描述外部任务环境的客观状态，感知的环境不确定性则描述一个人（如经理）的主观状态，即他认为自己缺乏关于客观环境不确定性的信息（Yu et al.，2018）。

客观环境不确定性强调外部任务环境的客观状态，是先前研究概述的一个重要的偶然因素（Yu et al.，2018；Milliken，1987）。为了应对客观环境的不确定性，供应链中的企业可以提高其信息处理能力，以达到最佳拟合程度（Gomez et al.，2016；Bensaou and Venkatraman，1995）。只有当企业的信息处理能力有效地适应其相对客观的环境不确定性时，才能对企业有利。否则，公司将面临因资源闲置而导致成本增加的挑战。在这种逻辑下，当客观环境不确定性较高时，供应链冗余与客观环境不确定之间可以达到拟合，从而产生卓越的绩效。因此，在更高水平的客观环境不确定性下，供应链冗余会进一步提高企业的可持续绩效，即客观环境不确定性正向调节供应链冗余与可持续发展绩效之间的关系。

正念被定义为"人们根据手头的情况调整信息处理模式的元认知过程"（Kudesia，2019）。基于这一定义，一种谨慎的方法是，个人在不断变化的环境中取得可靠表现的能力取决于他们的思维方式、收集信息的方式、对周围世界的看法，以及他们是否能够改变自己的观点来反映当前情况或普遍情况（Ndubisi et al.，2019；Sternberg，2000）。此外，管理者的正念程度有助于他/她的信息处理模式调整，以避免在供应链冗余和客观环境不确定性之间产生偏差，因此正念与感知环境不确定性呈负相关关系。总之，当感知到的环境不确定性较高时，管理者的正念较低，在这种情况下，他们无法轻松调整信息处理模式以避免合适的偏见。在这种逻辑下，当感知到的环境不确定性高时，供应链冗余与客观环境不确定性之间的拟合就会减弱，即在感知环境不确定性水平较高的情况下，客观环境不确定性对供应链冗余与可持续发展绩效之间关系的影响较弱。

5.3 环境不确定性对可持续的影响

5.3.1 研究方法

本书根据传统的内容分析方法（Krippendorff，2004；Harwood and Garry，2003；Wolfe et al.，1993），用它来衡量环境不确定性和操作灵活性的主要结构。

内容分析方法

内容分析方法是指对大众传播信息（如书籍、杂志、电影、广播和电视等）的内容作客观、系统和量化描述的一种研究方法。目的是将一种用语言表示而非数量表示的文献转换为用数量表示的资料，并将分析的结果用统计数字描述。内容分析方法一般包括以下 6 个步骤。

（1）确定研究问题或假设：只有与研究媒介内容直接相关的研究问题才能使用内容分析法，媒介内容是已经记录或者被保存下来的、可用的信息。

（2）抽样：内容分析不可能涉及每一个媒介产品，所以研究时必须从大量媒介内容中选出最有代表性、最能回答研究问题的样本，具体需要确定研究样本来自哪家媒体、对研究日期进行抽样，进而确定研究样本，要求抽样的数据符合研究目的、信息含量大、具有连续性、内容比例基本一致的特点。

（3）确定分析单元及归类标准：类别应该根据研究目的确定，尽可能详尽、互斥和独立；记录单位则主要包括单词或单个符号、主题、人物、句子或段落以及项目。

（4）编码：在确定分析单位的基础上制作编码表，训练编码员并根据内容进行编码，而后进行编码结果的检查。

（5）信度分析：内容分析法的信度指两个或两个以上的研究者按照相同的分析维度，对同一材料进行评判结果的一致性程度，它是保证内容分析结果可靠性、客观性的重要指标。其基本过程包括：对评判者进行培训；由两个或两个以上的评判者，按照相同的分析维度，对同一材料进行独立评判分析；对他们各自的评判结果使用信度公式进行信度系数计算；根据评判与计算结果修订分析维度（即评判系统）或对评判者进行培训；重复评判过程，直到取得可接受的信度为止。

（6）统计处理：对评比判结果（所获得数据）进行统计处理。描述各分析维度（类目）特征及相互关系，并根据研究目标进行比较，得出关于研究对象的趋势或特征，或异同点等方面的结论。

为了减轻研究人员的偏见，首先组建了一个由 3 名教授和 2 名研究生组成的编码团队，他们很好地理解了这项研究的设计方法。编码团队为每个概念制定了一个关键词试点列表，在此基础上，制定一份问卷，以评估环境和灵活性措施的内容有效性。问卷中存在两个层次的指标：第一层次的指标，采用代表环境和运营管理的二级指标来选择其各自维度的主要内容，并采用代表不确定性和灵活性的二级指标来选择将在主要内容中分析的各自维度的内容。

表 5.1　一级指标"环境"和二级指标"不确定性"

环境	不确定性
需求；需要；消费	增多；增加；增长；高峰
客户；消费者	促进；提高；提升；上升；升级；攀升
市场	延伸；扩展；扩大
竞争	压力
产业	饱和；激烈
行业（农业）	变化；变动；多变

随后，将问卷发送给 12 名运营管理和供应链研究人员，并要求他们完成以下任务：①根据每个项目/关键词的代表性分配。从 1 分到 4 分的分数。②根据每个项目/关键词的清晰度分配从 1 到 4 的分数。本研究采用偶数个量表，以减轻在中国等集体主义背景下选择主题点的偏见（即避免极端反应）（Lee et al.，2002）。③在空白处输入每个项目/关键字所属的内容。④评估整个度量的丰富性，并提供应该更改、删除或添加的项目。

最后，将所有公司的 2014 年和 2015 年财务报告输入 NVivo 11.0（不确定性使用 2014 年财务报告进行编码，灵活性滞后 1 年）。本研究的编码过程包括以下 3 个步骤：①利用国家认监委网站，提取样本企业的认证信息项目。这些数据包括序列号、具体项目、范围和认证有效期。在这一步骤中，试图确保信息的完整性和全面性。②根据认证分类，将认证项目分为产品认证和系统认证，只有系统认证才被视为企业惯例。③根据前面提到的数据，如果一家公司拥有相当于一份认证的证书，则该公司得 1 分；否则，它的得分为零。随后，给定公司的总和是系统认证的总分。

5.3.2　样本和数据

农业和食品供应链通常包括具有异质背景的复杂供应链合作伙伴网络，降低了信息透明度，也提高了风险水平（Manzini et al.，2014；Rijpkema et al.，2014；Marucheck et al.，2011；Roth et al.，2008）。由于食品行业的生产过程越来越复杂，这类供应链比其他行业的供应链面临更大的风险（Prakash et al.，

2017；Manzini et al.，2014；Rijpkema et al.，2014；Marucheck et al.，2011）。此外，全球化深度的增加延长了食品供应链，加强了参与者之间的相互依存关系，从而增加了风险（Whipple et al.，2009；Roth et al.，2008；Trienekens and Zuurbier，2008），反过来又将食品生产等单一梯队转变为复杂的整体供应链（Zhong et al.，2017）。食品供应链全球化程度的不断加深吸引了更激烈的竞争，并增加了消费者的期望（Roth et al.，2008；Trienekens and Zuurbier，2008），又反过来促使食品公司调整与上下游合作伙伴的关系。

基于这些特征，本研究采用二次数据和内容分析相结合的方法对中国农业和食品行业的上市公司进行了分析。首先收集了 2014—2017 年的年度报告，因为有关组织环境和组织战略的信息已在其财务报告中披露，其内容表明了环境不确定性和运营灵活性的主要结构。其次筛选了以下公司的年度报告，并排除了这些公司的报告：①遵循该领域的常见做法，受到特殊待遇的公司（财务或其他情况异常的上市公司）在 3 年内，由于这类公司业务和运营中的干扰因素会增加终止上市的风险；②2017 年后进入市场的新公司，因为在本研究完成时，考虑到业绩滞后 1~2 年，无法获得 2018 年的报告；③主营业务转向食品行业以外行业的公司。至此筛选了 115 家公司的 460 份年报。其原因有三：一是主营业务转向食品行业以外行业的公司可以被收购或借壳上市，这与原来的公司不同。二是本研究侧重于任务环境。如果新的行业与以前不同，那么公司的业绩既不连续，也不可比。三是转向新产业的主要原因是原有产业的衰落和其他产业的繁荣。这是公司的自我选择，而非外部因素的影响。以下部分说明了筛选信息和对变量进行编码的方式。

本研究的因变量是风险。由于风险较高的公司运营的资本回报率更具波动性，研究人员利用公司收益的波动性制定了公司运营风险承担程度的指数（Neitzert and Petras，2022；Faccio et al.，2011；John et al.，2008）。本研究采用了 Wind 开发的指数，一个是过去 100 周的波动率指数，另一个是最近 24 个月和 60 个月的波动率指标（数据于 2018 年 2 月获取）。过去 100 周的指数最初确定了公司的每周利润率，然后计算 100 周内每周利润率的标准差。过去 24 个月的指数最初确定了公司的月度利润率，然后计算 24 个月内其月度利润率的标准差。

本研究的调节变量是组织冗余，具体包括财务组织冗余和物流组织冗余两个指标。财务组织冗余将供应链中的现金流视为不确定环境准备的重要资源。该指标是应收账款周转率与应付账款周转率的比率，因为它指示了现金-现金周期（Wood et al.，2017；Kovach et al.，2015），应收账款流转率越高，应付账款流转率越低，现金流越好。衡量实物闲置的指标是库存周转，因为实物库存通常用于缓冲外部需求波动（Wiengarten et al.，2017；Azadegan et al.，2013）。因此，更高的库存周转率表明有更好的物流。

其他控制变量包括企业规模、企业年龄、股东、类型、行业、地点和整合（Yu et al.，2018b）。企业规模是以企业总资产的对数来衡量的（以确保正态分布）。公司年龄是以公司成立以来的持续时间来衡量的。公司股东集中度是指第一大股东所持股份的百分比。企业类型是一个伪变量，当企业为国有企业时等于1。企业行业存在 3 个虚拟变量，分别代表农业、食品、啤酒、葡萄酒和饮料行业。企业所在地由 3 个虚拟变量组成，分别代表中国东部、中部和西部的总部所在地。最后，企业整合的衡量标准包括两个变量：内部整合，当企业使用企业资源规划（ERP）时其值为 1；外部整合，当公司具有销售系统可追溯性时其值为 1。

5.3.3 实证结果与讨论

第一，环境不确定性对运营灵活性和运营常规具有显著的正向影响。由于运营灵活性属于计数变量，因此采用泊松回归来检验环境不确定性对操作灵活性和常规的影响。灵活性被定义为"在时间、精力、成本或性能上几乎没有损失的情况下做出改变或反应的能力"（Upton，1994）。通过重新分配资源，灵活性是一种动态能力，它会带来业务流程的变化，其中包括用于"流程的设计、控制、改进和重新设计"的决策工具、技术和基础设施（Silver，2004）。运营灵活性不仅消除了过时的知识，而且开发了新的知识（Zhao and Wang，2020），它是一种基于探索性学习的动态能力。因此，基于探索性学习的运营灵活性是一种有效处理信息的机制，开发新知识可以帮助组织适应环境的不确定性。在不确定性的环境中，知识可以转化为常规、过程和程序（Prieto and Easterby-Smith，2006；Becker and Dietz，2004），常规可以帮助企业定义、重新配置和部署现有资源，以提供有效的应对措施（Feldman and Rafaeli，2002），因此它们反映了开发学习适应环境不确定性的能力（Feldman and Rafaeli，2002）。由表 5.2 可知，环境不确定性对运营灵活性有显著的正向影响（$\beta=0.384$，$p<0.01$）。就环境不确定性对运营常规的影响，发现结果也是显著且正向的（$\beta=0.370$，$p<0.1$），因此环境不确定性对运营常规也有正向促进作用。

表 5.2 环境不确定性对柔性和韧性的泊松回归表

变量	柔性		惯例	
	M1-1	M1-2	M1-4	M1-5
_cons	7.326*** (0.023)	6.975*** (0.025)	0.178（0.593）	−0.153（0.624）
第一大股东占比	−0.000（0.000）	0.000（0.000）	−0.000（0.004）	0.000（0.004）
所有制	−0.006（0.005）	−0.001（0.005）	−0.000（0.122）	0.002（0.122）
企业年限	0.000（0.001）	−0.003*** (0.001)	−0.010（0.015）	−0.014（0.014）
企业规模	−0.005*** (0.001)	−0.003*** (0.001)	0.033（0.026）	0.034（0.026）
农林牧渔业	−0.081*** (0.011)	0.003（0.012）	−0.490* (0.258)	−0.416（0.264）
食品行业	−0.085*** (0.008)	0.014* (0.009)	0.020（0.200）	0.112（0.208）
酒水与饮料行业	−0.240*** (0.007)	−0.132*** (0.007)	0.274* (0.161)	0.381** (0.173)
东部	0.092*** (0.017)	0.076*** (0.017)	0.468（0.471）	0.454（0.471）
中部	0.073*** (0.018)	0.100*** (0.017)	0.510（0.481）	0.542（0.482）
西部	0.163*** (0.017)	0.163*** (0.017)	0.300（0.480）	0.297（0.480）
内部整合	0.009（0.007）	0.032*** (0.008)	0.055（0.159）	0.068（0.164）
外部整合	0.060*** (0.007)	0.023*** (0.007)	0.203（0.145）	0.173（0.147）
环境不确定性（EU）		0.384*** (0.009)		0.370* (0.214)
N	115	114	115	114
Pseudo R^2	23.04%	45.86%	3.74%	4.42%

第二，组织冗余扮演着一把"双刃剑"的角色，消极调节环境不确定性对运营灵活性的影响，积极调节环境不稳定性对运营常规的影响。组织冗余被定义为公司为适应外部环境而自由使用的财务、物质、管理和技术资源（Bourgeois，1981）。一方面，它支持开发新产品、进入新市场和产品多样化等战略（Huang and Li，2012），因为组织内部闲置资源的可用性可能支持单位对特定资产的投资，并利用特定的市场机会（Sirmon et al.，2007；Nohari and Gulati，1996；Bourgeois，1981）。另一方面，组织冗余是一种浪费，会消耗大量人力资源和财力物力投资（Huang and Li，2012）。就环境不确定性对运营柔性的影响，通过表 5.3 中的实证结果可知 $\beta=0.011$，$p<0.01$；$\beta=0.000$，$p<0.01$，即财务组织冗余和物流组织冗余两个变量都显著和消极地调节了环境不确定性对运营柔性的影响。就环境不确定性对运营常规的影响而言，本研究发现物流显著且积极地调节环境不确定性对运营常规的影响（$\beta=0.003$，$p<0.1$），但现金流的调节作用并不显著（$\beta=0.009$，ns）。通过实证结果表明，在企业资源水平较高的情况下，环境不确定性对运营柔性的影响减弱，但对运营常规的影响增强。因此，当企业缺乏资源时，运营柔性可以适应环境的不确定性，而当企业拥有更多资源时，它是对环境不确定性的更有效反应。这一结果表明，当企业资源充足时，运营常规是应对环境不确定性和降低风险的更有效策略，而当企业缺乏资源时，运营柔性更有效。

表 5.3　调节效应的泊松回归

变量	柔性		惯例	
	M3-1	M3-2	M3-3	M3-4
_cons	6.915*** （0.026）	6.976*** （0.026）	0.058 （0.648）	−0.112 4 （0.653）
第一大股东占比	0.000 （0.000）	0.000 （0.000）	−0.001 （0.004）	0.000 （0.004）
所有制	−0.011*** （0.005）	0.001 （0.005）	0.056 （0.127）	−0.021 （0.123）
企业年限	−0.003*** （0.001）	−0.003*** （0.001）	−0.027* （0.016）	−0.010 （0.015）
企业规模	−0.002*** （0.001）	−0.004*** （0.001）	0.025 （0.027）	0.039 （0.027）
农林牧渔业	−0.018 （0.012）	0.005 （0.012）	−0.248 （0.283）	−0.450* （0.269）
食品行业	0.013 （0.009）	0.017* （0.009）	0.063 （0.221）	0.071 （0.208）
酒水与饮料行业	−0.145*** （0.008）	−0.134*** （0.007）	0.443** （0.179）	0.411** （0.174）
东部	0.087*** （0.017）	0.077*** （0.017）	0.387 （0.474）	0.433 （0.472）
中部	0.116*** （0.018）	0.096*** （0.018）	0.481 （0.486）	0.574 （0.483）
西部	0.170*** （0.018）	0.162*** （0.018）	0.257 （0.482）	0.261 （0.482）

变量	柔性		惯例	
	M3-1	M3-2	M3-3	M3-4
内部整合	0.044*** （0.008）	0.029*** （0.008）	0.137 （0.170）	0.108 （0.164）
外部整合	0.013 （0.007）	0.023*** （0.007）	0.176 （0.154）	0.179 （0.148）
环境不确定性（EU）	0.434*** （0.011）	0.403*** （0.011）	0.400 （0.254）	0.103 （0.250）
现金流	0.008*** （0.001）		0.002 （0.010）	
物流		0.486*** （0.153）		−6.868** （3.330）
环境不确定性×现金流	−0.011*** （0.000）		0.009 （0.017）	
环境不确定性×物流		−0.000*** （0.000）		0.003** （0.001）
N	108	114	108	114
Pseudo R^2	45.42%	46.4%	6.73%	5.58%

第三，企业感知到的高度环境不确定性将增加运营灵活性和常规之间的流程灵活性，从而降低组织风险。通过将运营灵活性和运营常规相乘，构建了一个新的变量，称为过程二元性。如表 5.4 所示，环境不确定性对双重灵活性有显著的积极影响（β=1.299，$p<0.01$）。此外，双重灵活性对组织风险的 3 个指标的影响均为显著和负（β=2.245，$p<0.01$；β=2.067，$p<0.01$；β=3.721，$p<0.01$），而环境不确定性的影响不显著。结果证实双重灵活性完全中和了环境不确定性对组织风险的影响（Z=2.198，$p<0.05$；Z=1.724，$p<0.1$；Z=2.584，$p<0.01$）。

表 5.4　二元灵活性中介检验的 OLS 回归

变量	二元性 M-1	风险（最近 100 周） M-2	风险（最近 24 个月） M-3	风险（最近 60 个月） M-4
_cons	−2.148** （0.866）	25.279*** （7.494）	29.575*** （9.575）	57.767*** （9.555）
第一大股东占比	−0.002 （0.006）	0.031 （0.048）	0.059 （0.062）	0.020 （0.062）
所有制	−0.075 （0.187）	−1.682 （1.569）	−3.888*** （2.005）	−5.456*** （2.001）
企业年限	−0.030 （0.023）	0.231 （0.192）	−0.343 （0.245）	0.111 （0.245）

变量	二元性 M-1	风险（最近 100 周）M-2	风险（最近 24 个月）M-3	风险（最近 60 个月）M-4
企业规模	0.058（0.042）	0.342（0.355）	0.538（0.454）	−0.590（0.453）
农林牧渔业	−0.611（0.416）	−0.977（3.528）	−3.114（4.507）	3.666（4.500）
食品行业	0.196（0.311）	2.573（2.619）	2.349（3.346）	3.563（3.339）
酒水与饮料行业	0.412（0.264）	−0.813（2.241）	−0.809（2.863）	−1.774（2.857）
东部	0.734（0.587）	1.495（4.969）	−4.728（6.348）	−2.575（6.335）
中部	0.820（0.606）	0.504（5.139）	−5.888（6.565）	−4.578（6.552）
西部	0.599（0.602）	2.703（5.080）	−3.745（6.490）	−2.300（6.477）
内部整合	0.098（0.262）	−1.576（2.202）	−3.999（2.813）	−4.647*（2.807）
外部整合	0.427*（0.239）	0.660（2.038）	−0.933（2.604）	4.612*（2.599）
环境不确定性（EU）	1.299***（0.336）	−2.083（3.023）	−4.284（3.863）	−1.893（3.855）
二元性		−2.245***（0.840）	−2.067*（1.073）	−3.721***（1.071）
N	103	114	114	114
R^2	13.38%	16.18%	17.88%	27.53%

5.4 小结

　　本研究强调在高度环境不确定性的背景下，灵活性和常规策略的重要性。基于二元性和组织学习发现，环境的不确定性同时驱动了运营灵活性和常规，并进一步降低了组织风险。因此，企业可以实现流程的双重灵活性，平衡运营灵活性和日常性，以应对环境中的高度不确定性。此外，环境不确定性和过程二元性之间的关系受到组织冗余的调节。

　　就理论意义而言，首先，本研究提出了一种新的二元性思想，即同时平衡操作灵活性和操作常规。二元性理论认为组织可以平衡两个看似矛盾但相互依存的组织要素，强调企业运营管理中运营灵活性和运营常规的共存。运营灵活性被视为组织探索，而运营常规被视为对组织的利用。其次，模型通过强调除了灵活性之外的操作惯例的重要性，扩展了对环境不确定性对组织风险影响背后的潜在机制的理解。本研究将运营灵活性定义为基于探索性学习的动态能力，将运营常规定义为基于开发性学习的静态能力，以解释为什么运营灵活性和运营常规都是应对环境不确定性的有效过程管理实践，以及它们如何降低组织风险。同时，本研究将组织冗余确定为环境不确定性与过程二元性之间关系的边界条件，并展示了其"双刃剑"效应。从资源分配的角度来看，本研究强调了组织冗余在调节环境不确定性对运营灵活性和常规的影响方面的作用。本书进一步认为，组织冗余扮演着"双刃剑"的角色，消极调节环境不确定性对运营灵活性的影响，积极调节环境不稳定性对运营常规的影响。这一结果表明，当企业资源充足时，运营常规是应对环境不确定性和降低风险的有效策略，而当企业缺乏资源时，运营灵活性更有效。

就现实意义而言，第一，研究结果证实，运营灵活性和运营常规都倾向于降低风险，管理者必须投资于增强这两种能力。其中运营灵活性维度尤其重要，不仅出现在企业层面的制造灵活性、路线灵活性、产品灵活性和产品开发灵活性方面，也出现在供应链层面的分销灵活性、采购灵活性、跨越灵活性等方面。第二，运营经理应该注意标准和惯例，以减轻组织风险。企业可以申请质量认证或实施质量管理体系，这不仅是为了获得合法性和提高市场声誉，也是为了实现这些措施在改善运营和供应链管理方面的内在价值。组织学习机制的操作程序可以作为一种组织学习机制，帮助公司应对环境的不确定性。第三，企业应注意组织冗余的不同作用，这会增强和削弱环境不确定性对运营灵活性和常规的影响。因此，管理者可能会在使用组织冗余时面临权衡。

除此之外，本研究也为决策者提供了一些启示。首先，政府应更多地关注国家层面的供应链灵活性和韧性，鼓励企业通过提供银行准备金等工具来保持适当的宽松水平。相应的机构应负责监督和防范系统性风险。其次，在行业层面，政府可以建立一个预测和预警的信息平台。例如，农业农村部门可以发布价格信息并监测价格趋势的波动性，这可以帮助公司更好地应对这些变化。最后，政府应推动制定更多的标准和认证，提供额外的指导方针，并为合格公司的申请提供便利。

第三篇

企业层面的影响因素

第6章
信息加工理论

6.1 信息加工理论研究框架

6.1.1 信息加工理论

在数字经济时代，组织需要不断突破发展瓶颈以适应时代变化，这是由其高渗透性和高附加性的特征决定的。在这种时代背景下，企业面临着"黑天鹅"事件（如新冠疫情、洪涝灾害、芯片短缺）等的影响，导致一些企业不得不退出市场；与此同时，由于产品更新换代的速度加快，一些企业顶住压力并存活下来，并且变得更加强大。伴随着越来越严峻的环境、生态、公共安全问题，如何在发展中平衡经济、环境、社会之间的关系已经成为企业决策者要面对的关键问题。全球供应链的日益增长促使供应链复杂程度越来越高，企业面临的风险越来越多样，为此如何对外部环境变化做出积极响应，成为可持续供应链领域的重要课题。

信息加工理论（information processing theory）

信息加工理论（information processing theory）是一种认知心理学理论，旨在解释人类是如何处理、存储和检索信息的。该理论认为，人类的认知活动类似于计算机进行信息处理的方式，信息经过一系列的加工步骤（包括感知、编码、存储、检索和执行），最终产生行为输出。信息加工理论关注的是人们如何看待他们的环境，他们如何将这些信息放入记忆中，以及他们以后如何检索这些信息。信息加工理论方法基于这样一种观点，即人类处理他们收到的信息，而不是简单地对外部刺激做出反应。信息加工理论模型，人们经常将大脑比作计算机。计算机和大脑一样，分析信息并确定信息的存储方式。

当谈论信息加工理论（IPT）时，一般指的是一种认知心理学的理论，旨在描述和解释人类如何处理各种信息，包括感知、编码、存储和检索。在信息处理模型中，人们经常将人与计算机进行比较。这种比较被用作更好地理解信息在人类大脑中处理和存储方式的一种手段。因此，在分析该模型中实际发展的内容时，更具体的比较是人脑和计算机之间的比较。计算机被引入发展研究，提供了一种研究智力的新方法（Lachman and Lachman，1979），并为心理的科学研究增加了进一步的合法性。信息加工理论提出，认知过程发生在四个不同的阶段，每个阶段都有自己的目的和功能。第一阶段是编码，这是从环境中获取信息并赋予其意义的过程。它涉及刺激存储在短期记忆中之前感知或关注刺激。第二阶段是存储，这是当信息被暂时保存在短期记忆中，同时被处理或转移到长期记忆中以进行更永久的存储。第三阶段是检索，此阶段的重点是从短期或长期记忆中访问以前存储的信息，以便将其用于当前任务。第四阶段是执行，经过检索的信息被用于执行特定的认知任务，如解决问题、做出决策等。执行阶段涉及对信息进行处理和操作的过程。

信息加工理论目前正被用于计算机或人工智能的研究。这一理论也被应用于个人以外的系统（包括家庭和商业组织）。例如，Ariel（1987）将信息加工理论应用于家庭系统，感知、参与和编码刺激要么发生在系统内的个体内部，要么作为家庭系统本身发生。与传统的系统理论不同，在传统的系统理论中，家庭系统倾向于保持停滞并抵制违反系统规则的传入刺激，信息处理家族发展出个人和相互的图式，这些图式会影响信息被关注和处理的内容和方式。功能障碍既可以发生在个人层面，也可以发生在家庭系统本身，从而为治疗变革创造了更多的目标。Rogers 等（1999）利用信息加工理论来描述商业组织行为，并提出了一个模型，描述了如何制定有效和无效的商业战略。在他们的研究中，确定了组织中

"感知"市场信息的组成部分，以及组织如何关注这些信息，哪些高管确定哪些信息与组织相关（重要），如何将其组织到现有文化中（组织模式），以及组织是否有有效或无效的流程来制定长期战略。

6.1.2　组织信息加工理论

组织层面的信息加工理论（information processing theory，IPT）是 20 世纪 70 年代随着对外部环境的关注发展起来的，之后扩展到了买卖双边关系上（Luo and Yu，2016）。IPT 关注的是环境不确定性和企业的信息加工需求之间的关系，以及企业如何来处理这些需求的问题（Busse and Meinlschmidt，2017）。按照 IPT 分析层次的不同，已有研究的主要观点可以归纳如下。第一，不区分分析层次的研究结论主要有：IPT 是关于信息、人、知识之间相互关系的研究；信息加工包括对信息的采集、解释、融合；信息加工需求和能力需要匹配，而且要通过合适的机制才能实现（Tushman and Nalder，1978）。第二，组织内分析层次的研究结论有：信息加工机制的选择取决于不确定性的程度；适用于低不确定性的信息加工机制包括规则、层级、目标制定，而适用于高不确定性的信息加工机制包括纵向信息系统、横向关系、冗余资源（Busse and Meinlschmidt，2017）。第三，组织间双边关系层次的研究结论有：不确定性的程度和类型会决定合适的信息加工机制；有三种类型的不确定性：环境、关系、任务不确定性；组织间的信息加工机制与结构、流程和信息技术相关（Premkumar et al.，2005）。虽然不确定性与信息加工在供应链管理的研究中很常见（Flynn et al.，2016），但是直接的应用却比较少。仅有少量研究开始出现，例如，Luo 和 Yu（2016）将供应链柔性作为一种信息加工能力，分析了与环境不确定性之间的匹配和不匹配的机制。Busse 等（2017）通过案例研究方法，识别了不同的可持续相关的不确定性，同时将这些不确定性转为信息加工需求，说明了一些创新型的企业如何实施可持续驱动的供应链调整机制。

不确定性是指人们预知到的环境和组织中意外事件的不可预知性（Ashill and Jobber，2010）。风险通常是指"不能准确预知商业活动的结果变量，或者该变量下降趋势的不可预测性"，这与管理者常使用的对于潜在损失风险的概念一致（March and Shapira，1987）。随着社会分工的逐渐细化，供应链中企业的角色逐渐增多，供应链的复杂性也逐渐增强，为此各类风险频繁发生（刘国家等，2012）。要具体分析供应链不同风险的缓解策略，需要识别供应链风险的不同类型。Tang（2006）将供应链风险分为两类：运营风险和破坏性风险。Hosseini（2016）进行深一步的解释，认为运营风险是指供应链中发生的固有每日事件，包括客户需求的不确定性、运输成本以及由停电和技术设备故障等运营问题导致的供应不确定性；破坏性风险是指由事件引发的重大中断，包括自然灾害、人为事故或恶意攻击。与运营风险相比，中断性风险的可能性往往较低，但不利后果风险较高。针对运营风险和破坏性风险的分类方式，提出供应链柔性与供应链韧性两种应对不同风险的能力，运营风险需要供应链柔性来应对，中断风险则需要供应链韧性的作用。

早期的研究就表明，制造柔性（flexibility）是指能够为企业提供应对环境不确定性的特定能力（Ward and Duray，2000；Gerwin，1993；Swamidass et al.，1987）。随着研究从组织内部向组织间的扩展，环境不确定性的应对能力也出现在了供应链柔性的研究中（Tachizawa and Thomsen，2007；Pujawan，2004；Vikery et al.，1999）。之前对供应链柔性驱动因素的研究成果，普遍认为在主要的环境驱动因素识别中，决策者主观上感知的环境不确定性是影响供应链柔性的一个关键因素。同时，该观点也表明高绩效的企业在能力开发时通常会考虑环境因素（Chakravarthy，1982），而且从 IPT 的视角来审视，环境不确定性与供应链柔性的匹配，即外部环境中的信息加工需求与企业信息加工能力的匹配，能够为企业带来高的绩效（Moon et al.，2012）。但是，面对破坏性的风险，供应链柔性显得无法应对，为此高层级的动态能力——韧性（resilience）引起了更多的关注（王宇奇和高岩，2017）。早期的研究强调供应链韧性能够在不可预期的中断发生之后，帮助企业重新恢复到正常的供应链运营之中（Rice et al.，2003）。之后的研究也认为供应链韧性不仅能够通过对结构和功能保持控制来应对中断，而且能够通过预测中断设置前瞻性的计划来应对中断（Tang，2006）。因此，供应链韧性是一种基于组织正念（思考、收集信息、感知外部世界，从 IPT 的视角是信息概念化的过程）形成的高可靠组织能力（Ndubisi，2012，2014，2019），具有供应链韧性的企业不太容易受到供应链中断的影响。

供应链柔性与韧性（the flexibility and resilience of supply chain）

根据研究学者对供应链韧性的认识，供应链韧性相比供应链柔性是一种更高阶的动态能力，体现在 3 个方面：①供应链韧性是企业的一种应对中断风险时的能力，强调企业面对阻力的响应能力；②供应链韧性还具有抵御风险的能力（Winston，2014）；③具有供应链韧性的企业还能够更积极地预测事件，恢复并发展，使企业适应性更强（Ashill and Jobber，2010）。对于阻力和抵御，供应链韧性是防止供应链中断和供应链在中断发生时减少影响的能力，为了拥有供应链韧性，企业必须主动预留一些资源冗余，诸如拥有多个供应商、安全库存、产能过剩和备用供应商等，这些都是通过资源冗余来提升供应链韧性的例子（Knemeyer et al.，2009）。因此，供应链韧性意味着使用冗余资源来应对供应链中断的动态能力（Ponis and Koronis，2012）。

合理高效地使用资源是供应链提升风险应对能力必不可少的一部分。根据IPT，当外部环境发生变化，企业将面临更多来自环境的不确定性，供应链柔性和供应链韧性都是减弱和消除这种不确定性的能力（Luo and Yu，2016）。供应链柔性取决于资源预留和重新分配冗余资源的有效性，例如多余的库存（李晓翔和刘春林，2013）。一方面，供应链柔性可以通过重新分配供应链中的库存和采购设施，从而使用冗余资源来改变供应链系统的行为（Ashill and Jobber，2010）。另一方面，供应链柔性也可由供应链结构提供（Ivanov and Sokolov，2013），许多公司会将冗余资源投向供应链结构，例如丰田汽车公司扩大其供应源，实施多方采购，并在供应方面建设新设施。背后的主要原因是拥有多种供应来源的企业，能够获得来自主要供应商更广泛的材料、部件或产品，并且能够自由地添加和移除供应商，从而更有能力确保供应流动以支持其日常运营（Moon et al.，2012）。综上所述，运用冗余资源重新分配供应链中的库存和采购设施，以及从结构上获取更多的供应源，能够使企业在改变供应链系统的行为时更加灵活。

6.2　供应链柔性与韧性的区别

供应链柔性与供应链韧性是两个既有区别又有联系的概念，基于 IPT 两者都可以被视为应对环境不确定性的信息加工能力。具体而言，供应链柔性的三个维度都会对可持续绩效产生影响，内部柔性不仅有助于提高产品质量并改善交付和其他性能指标，还可以减少浪费和多余投资；客户柔性表明公司能够与客户合作，从而提升客户满意度；供应商柔性使供应商和焦点公司的柔性相匹配和融合，使得库存最小化（Huo et al.，2018）。根据前述可持续供应链研究中的三重底线原则，利益相关者（包括社会、客户、供应商等）绩效的提升是可持续绩效的表征，因此供应链柔性会对可持续绩效产生积极的影响。

供应链韧性是另外一种应对不确定性的信息加工能力，能够对供应链中断这种破坏性的风险做出响应。供应链韧性属于高可靠性的组织能力，而这种高可靠性组织能力的背后就是组织正念。近年来不少研究表明正念对可持续绩效具有正向的影响，主要原因有两方面：一方面，正念是一种通过企业感知、分析、决策与行动导向的理性行动，可以提升关于环境和资源的组织知识和信息，从而促进环境和资源可持续（Aanestad and Jensen，2016）；另一方面，正念的组织在评估环境和战略启示的时候，是通过主动地识别、收集、加工关键决策信息，而不是牺牲环境和资源的可持续性。因此，供应链韧性会减少对环境和人类有害的中断，从而促进可持续绩效。

供应链柔性是一种应对环境变化的反应能力［见 Yu 等（2015）的文献综述］。同时基于 IPT，供应链柔性通常被界定为一种信息加工能力（Yu et al.，2018）。而供应链韧性是一种降低中断风险影响的快速恢复能力［见 Kamalahmadi 和 Parast（2016）的文献综述］，因此也通常被界定为一种更高阶的基于正念的可靠性组织能力（Weick，1999）。在高可靠组织中，个体通常依赖已建立的程序和制度行动，但是当遇到潜在危机的时候，个体就能够做出有"觉醒"的行为（Milosevic，2018）。这种在开放、未界定的情境下有意识的"觉醒"背后，就是一种集体情境下的能力，即正念。正念是个体和组织如何想、如何收集信息、如何感知外界环境以及是否改变视角来正视当下环境的能力，正念通常能够在变化的环境下为企业带来可靠的绩效。因此，供应链柔性作为一种信息加工能力，在理解外部环境的过程中会提升企业的正念，从而提高可靠性组织能力，即供应链韧性。这体现了从一般运营能力到特殊动态能力的进阶。

6.3 柔性与韧性对可持续的影响

基于以上关于信息处理理论的论述，针对资源冗余、可持续供应链、供应链韧性、供应链柔性，笔者进行了一项珠江三角洲地区的实证研究。研究所获取的样本数据来自位于珠江三角洲地区的高新技术企业，该样本数据涵盖了各种类型的高新技术企业，包括电子信息技术企业、生物与医药技术企业、航空航天技术企业、新材料技术企业、高新技术服务技术企业、新能源及节能技术企业、资源与环境技术企业、高新技术改造传统产业企业等。实际上，鉴于其独特的地理位置、政策优势和文化底蕴，曾经作为改革开放最前沿阵地的珠江三角洲，一直都是高新技术企业的重要聚集地，利用珠江三角洲地区的高新技术企业开展可持续供应链的研究具有很好的代表性。

为保证问卷的有效性，通过调研人员直接面向相关企业所在供应链的不同管理层人员发放问卷来获取数据，并做出以下要求：①对于企业的总体情况调研，要求由熟悉公司经营、研发等情况的公司高管填写（如可持续绩效）；②对于企业的生产运营调查，要求由熟悉公司生产运作、采购的运营经理填写。

为保证最终数据获取的可信度，对返回的数据进行以下过程的处理：①对进行问卷调研的人员进行专业培训，包括问卷的填写、访谈等过程的注意事项，保证问卷的有效性和可行性；②对于调研的每一家企业，问卷开头对公司的名称、地址、管理人员姓名等情况做较为完善的统计，数据获取后，对每一份问卷的企业客观信息在"企查查"官网进行匹配；③对于不匹配的问卷，将数据返还。并且联系相关企业进行信息的核实以及调研过程的访问，提高数据质量。

本次调研在 2019 年实施，共发放 300 多份问卷，经过严格的筛选、验证、回访等工作，最终获得有效问卷 136 份。从样本企业的分布情况（表 6.1）来看，行业分布较为均匀，但电子行业和新能源行业的企业居多，约占总体样本的

1/3。在企业规模上，以中小企业为主，80%以上的企业总资产在 5 000 万元以下，员工人数在 500 人以下。

表 6.1　样本描述表（N=136）

样本描述		N	占比/%
行业分类 I （INDZ）	1-电子行业	47	34.56
	0-非电子行业	89	65.44
行业分类 II （INNY）	1-新能源行业	51	37.50
	0-非新能源行业	85	62.50
公司成立时间	1999—2004 年	25	18.38
	2005—2009 年	45	33.09
	2010—2014 年	61	44.85
	2015—2019 年	5	3.68
公司总资产	≤1 000 万元人民币	19	13.97
	1 001 万～5 000 万元人民币	97	71.32
	5 001 万～10 000 万元人民币	14	10.29
	≥10 001 万元人民币	6	4.41
公司全日制员工人数	≤100 人	11	8.09
	101～500 人	110	80.88
	501～1 000 人	10	7.35
	≥1 001 人	5	3.68

本研究对所有构念的测量均基于现有文献，可持续绩效使用多项 7 点李克特式量表，其中"1"表示"完全不同意"或"非常差"，"7"表示"完全同意"或"非常好"；资源冗余、供应链柔性、供应链韧性的测量使用 5 点李克特式量表，其中"1"表示"完全不同意"，"5"表示"完全同意"。具体测量题项如表 6.2 所示。

表 6.2　信度与效度检验

项目	初始样本	T统计量	组合信度	平均抽取变异量（AVE）
可持续绩效（Li et al.，2001；Judge and Douglas，1998）				
（1）相比于同行业公司，贵公司投资回报率	0.73	11.41	0.85	0.48
（2）相比于同行业公司，贵公司销售回报率	0.73	11.56		
（3）相比于同行业公司，贵公司资源的循环可恢复（包括能源、水资源、不可再生资源）	0.68	10.42		
（4）相比于同行业公司，贵公司避免"三废"等有害物和不良排放	0.56	5.46		
（5）相比于同行业公司，贵公司注重员工健康和安全，得到员工认同	0.78	13.14		
（6）相比于同行业公司，贵公司为促进社会就业作出贡献	0.68	10.76		
资源冗余（Moon et al.，2012）				
（1）本公司供应商数量很多	0.71	11.21	0.80	0.50
（2）本公司主要供应商提供的产品和服务种类很多	0.74	14.70		
（3）本公司生产的产出量很大	0.78	19.31		
（4）本公司能够每年开发多种新产品或服务	0.59	7.04		
供应链柔性（Moon et al.，2012）				
（1）本公司有能力改变产出量	0.75	14.71	0.80	0.57
（2）本公司有能力改变产品和服务的组合	0.74	14.19		
（3）本公司有能力调整生产设施和流程	0.78	16.40		
供应链韧性（Brandon-Jonesb et al.，2014）				
（1）在发生供应链中断后，贵公司迅速地恢复物料流	0.82	16.62	0.81	0.59
（2）在发生供应链中断后，贵公司中断将会很快得到处理	0.79	17.63		
（3）在发生供应链中断后，贵公司仍然能够履行其常规职能	0.69	9.05		
环境不确定性（Wong et al.，2011）				
（1）顾客经常在一个月内更改订单	0.83	3.61	0.79	0.56
（2）竞争者的市场推广行为是不可预测的	0.71	2.88		
（3）工厂所使用的核心生产技术经常发生变化	0.70	3.26		

为了考察并确认各个变量的聚合效度（convergent validity）和判别效度（discriminant validity），本研究还进行了验证性因子分析。由表 6.2 统计数据可得出，所有的组合信度值（composite reliability，CR）都大于 0.7，表明量表信度较好；各因子方差抽取量（average variance extracted，AVE）都超过 0.5，表明方差萃取比例高，这说明本研究涉及的几个构念均具有较好的聚合效度，保证了测量效度。最后，通过将每种构念的方差抽取量（AVE）的平方根与潜在变量对之间的相关性进行比较，来检验判别有效性。表 6.3 中 AVE 的平方根均大于相应列因子间相关系数，表明量表具有较好的判别效度，从而表征了测量的有效性。

表 6.3　判别效度检验

项目	供应链柔性	资源冗余	供应链韧性	可持续绩效	环境不确定性
供应链柔性	0.758				
资源冗余	0.608	0.709			
供应链韧性	0.533	0.486	0.768		
可持续绩效	0.137	0.213	0.230	0.693	
环境不确定性	0.174	0.144	0.040	0.257	0.748

注：对角线上的数据是各变量 AVE 的平方根。

本研究选择基于偏最小二乘法（patrial linear squred，PLS）的结构方程模型（structural equation model，SEM），以及 Smart PLS3.2.8 软件作为统计工具验证模型有效性并检验假设，主要有两个原因：一是 PLS 技术稳健，不需要将数据进行正态分布；二是对于较复杂模型，基于 PLS 的 SEM 优于基于协方差的 SEM。首先进行全模型分析，再根据结果逐次删减关系选项，并进行对比分析。

结构方程模型

　　结构方程模型就是一种将两个或多个结构模型联合起来，以实现对多元关系进行建模的统计框架，其可以解决相关性分析中无法得到的因果关系以及区别直接和间接作用，是非常重要的多元数据 Q 分析工具。

结构方程模型常用于验证性因子分析、高阶因子分析、路径及因果分析、多时段设计、单行模型及多组比较等。结构方程模型常用的分析软件有 LISREL、Amos、EQS、MPlus。

全结构分析得出的路径检验系数如表 6.4 所示，资源冗余对可持续绩效的作用路径不显著（$\gamma=0.11$，ns），该路径不显著，说明有可能存在完全中介作用。资源冗余对供应链柔性和供应链韧性都具有显著的正向作用（$\gamma=0.61$，$p<0.001$；$\gamma=0.26$，$p<0.05$）。同时，供应链韧性对可持续绩效有显著的正向作用（$\gamma=0.22$，$p<0.1$）。但是，供应链柔性对可持续绩效的作用路径也不显著（$\gamma=-0.08$，ns）。此外，供应链柔性对供应链韧性也具有显著的正向作用，结果如图 6.1 所示。

表 6.4　全结构路径检验系数

变量	初始样本（O）	T 统计量（|O/STDEV|）
资源冗余→供应链柔性	0.61***	10.23
资源冗余→供应链韧性	0.26**	2.61
资源冗余→可持续绩效	0.11	0.98
供应链柔性→供应链韧性	0.38***	4.31
供应链柔性→可持续绩效	−0.08	0.64
供应链韧性→可持续绩效	0.22*	1.98
INDZ→可持续绩效	0.02	0.16
INNY→可持续绩效	−0.28**	2.83
year→可持续绩效	0.04	0.43
asse→可持续绩效	0.29*	2.30
empl→可持续绩效	−0.14	1.26
dona→可持续绩效	−0.12	1.33
coun→可持续绩效	−0.17*	2.01
barr→可持续绩效	−0.03	0.29

注：INDZ 为电子行业哑变量；INNY 为新能源行业哑变量；year 为公司成立时间；asse 为公司总资产的对数；empl 为员工人数的对数；dona 为公司在 2017 年捐赠过慈善事业的哑变量；coun 为 CEO 在非营利组织兼职的哑变量；barr 为公司竞争力，即如果一个新的竞争者进入贵公司的主要服务市场，该竞争者在 3 年内达到一个令人满意的利润水平的可能性有多大（1=非常高；7=非常低），以上均为控制变量。下表同。

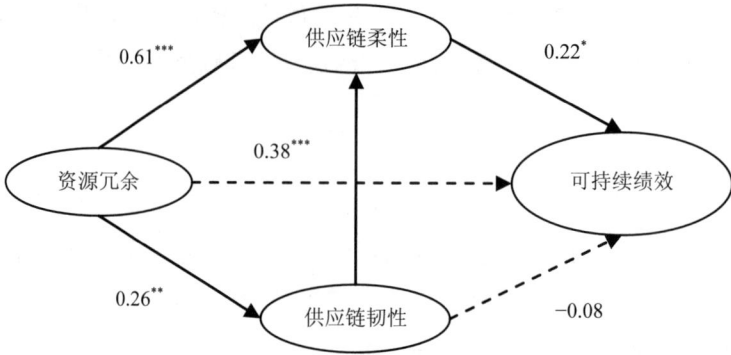

图 6.1 结构方程模型结果

结构模型分析验证了供应链韧性在供应链柔性和可持续绩效之间中介作用的存在，因此对环境不确定性调节作用的验证需要考虑对中介的调节作用。本研究采用 SPSS 宏中的 Model 4 验证中介模型，同时采用 Model 59 验证中介调节作用，如图 6.2 所示。

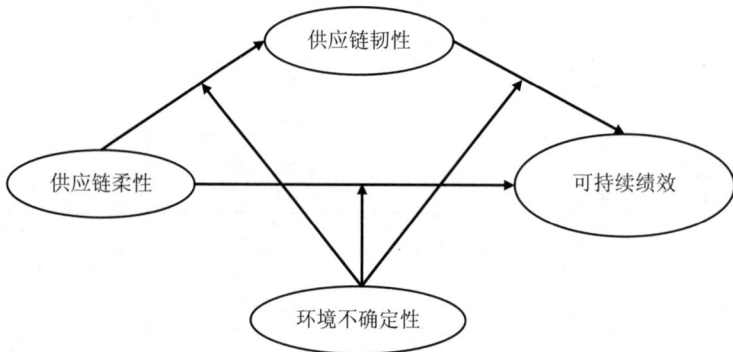

图 6.2 中介调节作用（Model 59）示意

Model 4 结果如表 6.5 所示，供应链柔性对可持续绩效的直接预测作用并不显著，而加入中介变量后，供应链柔性对可持续绩效的直接预测作用仍不显著，而是通过对供应链韧性的作用（$\beta=0.48$，$p<0.001$）与可持续绩效产生间接作用（$\beta=0.25$，$p<0.1$），这与上述结构方程模型分析得出的结论一致。此外，

bootstrap 95%置信间的上限、下限均包含 0（表 6.5），也说明供应链柔性可通过供应链韧性的中介作用对可持续绩效产生间接作用。

表 6.5　供应链韧性的中介模型检验（*N*=136）

模型	因变量	预测变量	回归系数（BootSE）	*p*	95% Boot CI
模型 1	韧性	constant	−83.681（166.342）	0.616	（−412.867，245.505）
		柔性	0.481（0.080）	0.000	（0.324，0.639）
		INDZ	−0.138（0.107）	0.199	（−0.349，0.073）
		INNY	−0.177（0.105）	0.095	（−0.386，0.031）
		year	25.973（50.385）	0.607	（−73.739，125.684）
		asse	−0.183 8（0.131）	0.162	（−0.442，0.075）
		empl	0.278（0.166）	0.096	（−0.050，0.606）
		dona	0.042（0.088）	0.631	（−0.131，0.216）
		coun	0.196（0.090）	0.032	（0.017，0.375）
		barr	−0.023（0.044）	0.610	（−0.109，0.064）
模型 2	可持续绩效	constant	−104.248（198.167）	0.600	（−496.445，287.949）
		柔性	−0.038（0.108）	0.724	（−0.251，0.175）
		韧性	0.245（0.106）	0.022	（0.036，0.455）
		INDZ	−0.005（0.128）	0.967	（−0.258，0.248）
		INNY	−0.384（0.127）	0.003	（−0.635，−0.133）
		year	32.692（0.028）	0.587	（−86.112，151.495）
		asse	0.438（0.157）	0.006	（0.128，0.748）
		empl	−0.260（0.199）	0.196	（−0.654，0.136）
		dona	−0.147（0.104）	0.161	（−0.354，0.059）
		coun	−0.214（0.110）	0.053	（−0.431，0.003）
		barr	−0.021（0.052）	0.686	（−0.125，0.082）
模型 3	可持续绩效	constant	−124.786（201.363）	0.537	（−523.278，273.706）
		柔性	0.080（0.096）	0.407	（−0.111，0.271）
		INDZ	−0.039（0.129）	0.763	（−0.295，0.216）
		INNY	−0.427（0.128）	0.001	（−0.679，−0.175）
		year	39.066（60.993）	0.523	（−81.638，159.771）
		asse	0.393（0.158）	0.014	（0.080，0.706）

模型	因变量	预测变量	回归系数（BootSE）	p	95% Boot CI
模型3	可持续绩效	empl	−0.191（0.201）	0.343	（−0.588，0.206）
		dona	−0.137（0.106）	0.199	（−0.347，0.073）
		coun	−0.166（0.109）	0.132	（−0.383，0.050）
		barr	−0.027（0.053）	0.616	（−0.132，0.079）

柔性对可持续绩效的直接作用：

路径	Effect	BootSE	BootLLCI	BootULCI
柔性→可持续绩效	−0.038	0.108	0.110	0.271

柔性对可持续绩效的间接作用：

路径	Effect	BootSE	BootLLCI	BootULCI
柔性→韧性→可持续绩效	0.118	0.054	0.014	0.226

注：置信区间显示为95%的置信度。

6.4　小结

　　本研究发现冗余的资源配置方式对企业所在的可持续绩效没有显著的直接影响，但对供应链柔性与韧性都存在正向影响。冗余不仅是表面所理解的可以增强中断风险发生时所导致的资源紧缺，使企业仍能正常运行，同时冗余的资源也增强了供应链柔性能力，对外界不确定性等风险的反应更加灵敏，说明合理的冗余资源能够增强供应链应对风险的能力。在研究与实践中，仅探讨资源配置方式与绩效的关系过于笼统，这是一个更为复杂的关系链，需要进一步研究供应链能力在其中发挥的作用。

　　供应链柔性对可持续绩效的直接作用并不显著，而是直接影响供应链的韧性能力，两者息息相关，通过供应链韧性间接对可持续绩效产生正向作用。供应链柔性所应对的风险是时常发生的，通过供应链中企业的自身调节及时应对。然而现今企业的发展环境中断性的重大风险发生频率越来越高，供应链韧性的作用越加凸显，柔性对可持续绩效的直接作用开始减弱，需要两种能力与绩效的重新协调方能持续发展。同样作为供应链的两种应对风险的能力，这与我们原本的想法及所查阅的文献观点不同，供应链韧性的研究更加细化了供应链柔性与可持续绩效之间的作用机制。

基于本研究的结论，提出以下建议：

第一，优化资源配置方式，提升供应链能力。本研究主要涉及的资源配置方式是创造冗余，冗余对于供应链柔性与韧性能力均有积极作用，供应链能力是面临供应链内外部风险时的保障。精益管理优化生产过程，减少资源浪费，规范操作流程；冗余加强重要生产环节的资源配置，防患于未然。两种方式融合在企业的生产操作过程中，既提升了企业的柔性，又能在发生重大风险时，使企业尽快恢复正常运行，增强了企业乃至整个供应链的韧性。

第二，供应链柔性与韧性能力共同发展，促进可持续绩效增长。在企业越来越注重供应链可持续发展的今天，面对更加复杂的内外部风险，供应链柔性与韧性并不是对立存在的，而是一种补充和深化，供应链中的企业可通过加强资源配置效率、提升供应链柔性，进一步增强供应链韧性能力，韧性又是可持续绩效提升的前提保障，它使供应链在复杂的生存环境中，面对风险及时反应和恢复，保持供应链的可持续发展状态。

第三，增强供应链企业间合作互通，防范供应链风险。避免和及时应对外部风险，是影响可持续绩效的重要方面，加强供应链企业间的合作互通，畅通信息获取渠道，能够使企业在面对不确定性等风险时快速反应，及时应对。同时当面临中断风险时，企业间的紧密联络与合作，能够使企业快速地获得其他供货渠道，重建物流网络，恢复生产运行，及时止损，创造共赢。

第 7 章
环境不确定性与供应链韧性的影响

7.1 韧性的重要性

从理论的角度来看，供应链韧性的研究与社会经济发展结合密切。"韧性"这一术语起源于材料科学领域，在材料科学中，韧性是指材料在变形后恢复到原始形状且不超过其极限能力的特性（Ambulkar，2015）。在管理学中，供应链韧性的概念是基于供应链风险而演进产生的。过去几十年来，由于全球化水平的提高和创新率的提高，企业间的业务更加广泛和复杂，供应链发生了重大变化。全球供应链日益增长的作用与供应商和制造商之间相互联系的增加有关，这导致供应链中企业间的依赖程度更高，供应链复杂程度更高（Wagner et al.，2018；Stecke and Kumar，2009；Blackhurst et al.，2005；Christopher and Peck，2004）。这种趋势的发展体现了供应链在稳定商业环境中有着举足轻重的作用，但也极易受到风险和中断的影响。

"韧性"的起源与不同学科的分类

"韧性"一词的拉丁文词根是"resiliere"，意思是反弹，韧性的核心概念是一旦发生破坏，系统可以恢复到原来的状态。韧性可归结为一种多学科、多维度的现象，从物理科学到管理理论都有涉及。Weick 和 Sutcliffe（2001）的报告显示，韧性不是一种结果，而是一个不断预测和应对外部威胁的过程。韧性在不同领域的文献中都有定义。所有学科中韧性定义的共同点是，它有助于管理或应对

> 系统中发生的任何变化或中断。工程韧性的定义是，一旦发生破坏性事件，系统能够反弹回到原来的状态，而在生态韧性的定义中，韧性指的是生态系统适应和向前发展的能力。因此，"反弹"和"弹回"这两个概念具有重要意义。Christopher 和 Peck（2004）定义的供应链韧性采用了工程韧性的定义，并将韧性称为供应链系统在中断发生后恢复其原始状态的能力。后来，Sheffi（2005）以及Ponomarov 和 Holcomb（2009）对其进行了重新定义，认为供应链韧性是指一旦发生中断，供应链系统恢复其原始状态或更好状态的能力。

韧性不能被视为脆弱性的对立面，而是一个独立的范畴，可被视为一个过程，通常不仅仅是反弹（Matyas and Pelling，2015）。在供应链领域，Melnyk 等（2014）指出，供应链韧性是当前供应链管理思想的核心理念，旨在减少脆弱性。在供应链韧性研究中，存在各种应用的理论基础，作为实现特定成果的媒介。以往的文献强调，有必要建立更多理论框架，以捕捉和研究供应链韧性的动态性质和关系能力（如协作、信任、合作、沟通和整合）。这些理论提高了我们理解现象的能力，确定了变量之间的关系，并使我们能够将这些结果应用到不同的环境中。例如，基于资源的观点（RBV）是确定关键资源、能力和绩效之间关系的基点。

根据 Parsons（2020）的观点，韧性供应链必须能够检测到中断的任何预警指标，因为如果中断持续时间较长，许多制造商甚至零售商都会因所需关键输入供应的延迟或不可用而暂停运营数周。正如 Wisniewski（2020）所报告的，2019 年新型冠状病毒感染暴发的规模是一种无形的、陌生的威胁，就像它击中了导致风险感知增强的所有热点（Fisher，2020）。世界卫生组织的报告（2020）强调了新型冠状病毒感染的严重影响，而德勤（2020）和麦肯锡（Craven et al.，2020）的报告则进一步强调，在中国、欧盟和其他主要国家（地区），制造业和其他企业在数周内完全停产。

7.2　韧性的相关研究

经验证据表明，可持续性和韧性是相互影响的（Fahimnia et al.，2019）。例如，通过减少库存来提高企业的效率和可持续性，可能会降低其应对供应中断的能力；当供应中断要求企业迅速从不同来源采购时，投资于与供应商的关系以提高其可持续性绩效，可能意味着供应链更加僵化。还有一种情况是，可持续性和韧性涉及彼此的权衡取舍。一个例子是，消耗自然环境中关键要素的战略很可能会降低系统的韧性（Perrings，2006）。此外，一些干扰可能会为更可持续的发展带来机会，作为应对危机的一种韧性反应（Sarkis et al.，2020）。

在早期对韧性和可持续性的解释中，韧性成为可持续管理的短期和长期目标，包括降低风险（Closs et al.，2011；Zhu et al.，2005）。除了这些通过整合这两个概念来提供定义的初步尝试外，研究人员对可持续性和韧性供应链的定义仍未达成共识。

有研究探讨了可持续性和韧性对供应链和组织绩效的影响。研究发现，将可持续发展纳入企业运营可提高企业绩效（Pinto，2020）。同样，韧性应被视为竞争优势的来源，而不仅仅是降低风险的工具（Klibi et al.，2010）。

一些研究认为，可持续性是韧性的先决条件（Gouda and Saranga，2018；Jain et al.，2017），可持续性实践可能会积极增强韧性（Bag et al.，2019）；其他研究采用的观点是，两者不一定相关（Mäler，2008）。也就是说，改善其中一个的战略并不一定也能改善另一个（Ivanov，2018；Edgeman and Wu，2016；Derissen et al.，2011；Perrings，2006）。还有一些研究指出，干扰风险与环境实践实际上存在负相关关系（Kim and Chai，2017）。在这种情况下，风险可能成为实施绿色实践的障碍。

一些研究观察到，风险或韧性是可持续发展的驱动力（Shin and Park，2019；Brinkley，2018；Papadopoulos et al.，2017；Lintukangas et al.，2016；Eltantawy，2015）。一些研究认为，可持续性应作为一个风险管理问题来解决（Anderson and Anderson，2009），或认为韧性是描述可持续性的一个特征，因为它包括社会和环境层面（Higgins et al.，2010）。还有一些研究认为，可持续供应链应能够正确评估风险并做好准备（Mangla et al.，2014；Closs et al.，2011）。

在整合这两个研究方向时，目前许多研究都认识到整合可持续性和韧性的重要性（Furman and Papavasiliou，2018；Rajesh，2018）。然而，有几项研究涉及的是可持续性与风险，而不是可持续性与韧性（Shahin et al.，2019）。可持续性的风险研究也受到了关注（Miemczyk and Luzzini，2019；Syed et al.，2019；

Shafiq et al.，2017；Song et al.，2017；Mani et al.，2017；Freise and Seuring，2015；Li et al.，2015）。传统的风险管理方法通常不包括社会、生态和道德供应链问题带来的风险（Hofmann et al.，2014）。然而，许多组织都遭受了与未管理或管理不善的可持续发展风险相关的损失。Rostamzadeh 等（2018）提出了一个评估可持续发展相关风险的框架，并认为应将风险管理实践与可持续发展相结合，以确保供应链具有韧性。

一些研究认为，可持续性是韧性的促进因素（Jain et al.，2017），因为可持续性可以支持更好的决策，有助于降低风险。利益相关者和法律压力是可持续性风险管理的主要驱动力（Freise and Seuring，2015）。其他学者认为，市场所具有的不确定性是建立更具韧性和可持续性供应链的前因（Abrahamsson et al.，2015）。良好的决策过程应始于对系统的深刻理解（Perrings，2006）。Cabral 等（2012）提出了一种决策工具，帮助管理者在精益性、敏捷性、韧性和绿色性中优先考虑最佳因素。该模型以追求的经营目标为起点，列出了评估供应链绩效（成本、服务、时间和质量）的标准，制定了衡量标准的关键绩效指标（KPI），并确定和评估了备选方案，这些多阶段和多因素研究方法是近期发展的代表。Eltantawy（2015）提出的决策框架介绍了两种韧性，一种侧重于性能维护（工程韧性），另一种侧重于转型以维持供应链的长期运营（生态韧性）。两者共同作用，使供应链可持续发展，实现可持续发展目标。Brandenburg（2017）指出，不确定性可能会影响供应链配置决策，其他一些研究提出了一些指标来指导供应链内的决策过程（Qiu et al.，2019；Zahiri et al.，2017；Fahimnia and Jabbarzadeh，2016；Mari et al.，2016）。Darom 等（2018）认为，将可持续性纳入恢复计划评估可能会更好地优化资源和环境影响。事实上，当可持续性和韧性分别进行优化时，可持续性目标可能会在中断期间被忽视（Mari et al.，2014）。一些人探讨了可持续性风险以及如何管理这些风险的话题（Bag et al.，2019；Song et al.，2017；Giannakis and Papadopoulos，2016；Mangla et al.，2015a；Mangla et al.，2015b）。Rajesh（2018）分析在敏捷性、精益性、韧性、可持续性的先决条件下，四者之间具有不同平衡的网络的不同案例。此外，还提出了几种解决或转移权衡的方法（Suifan et al.，2019）。特别是，过度关注效率可能会降低韧性性能（de Souza et al.，2019）。

选择适当的指标来衡量可持续性和韧性绩效可能很复杂（Ruiz-Benitez et al.，2017）。文献中的绩效衡量分为两种，一种是试图通过制定适当的指标来联合衡量可持续性和韧性（Ramezankhani et al.，2018；Malek et al.，2017；Azevedo et al.，2013，2016），以及关注绿色供应链风险评估（主要关注环境可持续性）或不确定性下的绿色度评估（Chavan et al.，2018；Mangla et al.，2016，2018；Chung and Chu，2016；Ji，2009）；或可持续供应链风险评估（Abdel-Basset and Mohamed，2020；Xu et al.，2019；Rostamzadeh et al.，2018；Mangla et al.，2015）。在某些情况下，进行可持续性评估是为了将风险水平控制在可控范围内（Almeida et al.，2016）。

Azevedo 等（2013）提出了一种生态韧性指数，用于监控供应链的绿色程度和韧性。该指数最初分别评估绿色行为和韧性行为。这两个指数最终结合起来计算出一个生态韧性指标。Azevedo 等（2016）、Mohammed（2020）和 Sen 等（2018）在 Azevedo 等（2013）使用的方法基础上，采用了类似的组合方法，分别制定了精益性、敏捷性、韧性和绿色指标，用于评估供应商的绿色韧性；Sen 等（2018）在 Azevedo 等（2013）使用的方法基础上，制定了一项指数，用于识别供应链中的不良表现。人们普遍认为，绩效衡量最好涵盖整个供应链（Carvalho et al.，2011）。

有关可持续供应链管理的文献的主要研究结果表明：实践通常与降低成本有关，因此有助于提高企业的盈利能力（Golini et al.，2017）。另外，供应链韧性文献强调的是战略而非实践。主要关注点是提高柔性和冗余，而不是效率（Rice and Caniato，2003）。因此，改善供应链韧性往往会导致更高的成本，而同时对能改善供应链可持续性和韧性的做法仍然缺乏了解。尽管有些做法（如资源的可持续利用）与建立供应链韧性有关，但这些双赢的机会还需要进一步研究（Edgeman and Wu，2016）。

其次，在提高可持续性方面，供应链视角极为重要，人们对提高和评估供应商的绩效兴趣浓厚（Tseng et al.，2019）。韧性的重点略微转向了网络设计（供应商和客户）以及网络伙伴之间的信息共享。从这个意义上讲，重点似乎更多地在焦点公司而非供应商的韧性上。供应链韧性文献可以向可持续供应链文献学习，并在可持续研究方向上取得进展。

7.3 环境与韧性对可持续的共同影响

通过在供应链中建立冗余，企业可以在面临中断时迅速切换到备用资源，从而减少中断对供应链的影响，提高整体的韧性。虽然冗余可以提高供应链的韧性，但它也意味着更高的成本（如额外的库存成本、维护备用生产能力的成本等）。因此，企业需要在提高韧性和控制成本之间找到合适的平衡点。笔者进行了一项有关供应链冗余与可持续发展绩效之间的研究。

在以往的研究中，供应链冗余与信息处理需求呈负相关。供应链冗余与企业社会责任和绿色运营实践有关。例如，从需求减少导向的角度来看，供应链冗余与企业社会责任和绿色运营实践相关（Jiao et al.，2021；Liao and Long，2018；Zhang et al.，2016）。此外，供应链冗余与信息处理能力正相关：一方面，供应链的主要功能是作为信息处理系统提供信息处理能力；另一方面，供应链冗余是适应能力的先决条件，有助于利用可用资源应对中断（Zhao et al.，2019；Azadegan et al.，2013）。结合这两个方面，我们认为供应链冗余提高了供应链的信息处理能力，以及协调和控制机制的创建（Matsuo，2015）。因此，信息处理能力随着供应链冗余的增加而提高。

从经济方面来看，信息处理能力对企业经济绩效的影响是由于其改善了客户服务和企业竞争力。从环境方面来看，信息处理能力提升了环境敏感性，塑造了企业的竞争战略并优化了资源利用。因此，作为一种知识密集型污染预防战略，供应链冗余会提高环境绩效。在社会方面，企业道德行为的提高，以及组织公民意识行为的创造和培养，使信息处理能力与社会绩效之间产生了联系。鉴于上述论点，供应链冗余与信息处理能力相关，而信息处理能力又能从经济、环境和社会等方面提高企业的可持续发展绩效。为此我们提出以下观点：供应链冗余对可持续发展绩效有积极影响。

客观环境的不确定性意味着整个市场的信息质量低下，是信息处理需求的基本来源（Busse et al.，2017；Galbraith，1973）。为了应对客观环境的不确定性，供应链上的企业可以提高其信息处理能力，以达到最佳的信息处理水平（Busse et al.，2017；Galbraith，1973）。根据这一提高企业在供应链中信息处理能力的论点，供应链冗余通过供应链结构设计和协调控制机制的建立，为维持过剩能力提供了缓冲（Linnenluecke，2017；Parida and Örtqvist，2015；Azadegan et al.，2013；Bourgeois，1981）。然而，确保供应链的冗余并不是一个无成本的过程。例如，Tushman和Nadler（1978）指出，组织结构越复杂、控制机制越复杂，成本就越高。Li 等（2019）认为，维持过高的产能会导致资本消耗和占用增加，从而阻碍企业的整体绩效。只有当企业的信息处理能力与其相对客观环境的不确定性有效契合时，才能对企业有利。否则，企业就会面临资源冗余导致成本增加的挑战。在此逻辑下，当供应链冗余与客观环境不确定性较高时，可达到两者的契合，从而获得卓越的绩效。相应地，在客观环境不确定性较高的情况下，供应链冗余会进一步提高企业的可持续绩效。因此，我们提出以下观点：客观环境不确定性可正向调节供应链冗余与可持续发展绩效之间的关系。

正念被定义为人们根据当前情况调整其信息处理模式的元认知过程（Kudesia，2019）。根据这一定义，正念方法是指个人在不断变化的环境中实现可靠绩效水平的能力取决于他们的思维方式、收集信息的方式、对周围世界的感知方式以及他们是否能够改变自己的观点以反映当前形势或普遍情况。此外，管理者的注意程度有助于其调整信息处理模式，避免在供应链冗余与客观环境不确定性之间形成偏见。

考虑到客观环境不确定性和感知环境不确定性的分类，正念与后者呈负相关。然而，如果管理者的决策不确定性很高，他们就无法调整自己的信息处理模式，因为他们缺乏有关客观环境不确定性的必要信息。相较之下，心智水平较高的管理者能够根据当前形势调整信息处理模式，同时确保企业的信息处理需求与信息处理能力保持一致。总之，当感知到的环境不确定性较高时，管理者的心智水平较低，在这种情况下，他们不容易调整自己的信息处理模式以避免"偏差"。根据这一逻辑，当感知的环境不确定性较高时，供应链冗余与客观环境不确定性之间的契合度会减弱。因此，我们提出以下观点：在感知的环境不确定性越高的情况下，客观环境不确定性对供应链冗余与可持续发展绩效之间关系的影响越弱。

　　本研究选择了农业和食品行业的中国上市公司作为样本，因为可持续发展活动在该行业尤为常见。需要注意的是，这些样本公司在子行业分类上存在差异，因此根据证监会 2012 年发布的《上市公司分类指引》（2012 年修订）观察环境因素的影响。数据来源于 Wind 数据库（中国领先的提供不同行业上市公司数据和信息的电子平台），数据集中的公司总数为 102 家。

　　随后，本研究利用中国证券市场与会计研究（CSMAR）数据库确定了 2010—2019 年样本公司的所有 CEO。由于 CEO 可能会随着时间的推移而更换，本研究在 CEO 缺席的年份选择了董事长或总经理。此外，一家公司在同一年可能有不止一位 CEO；在这种情况下，本研究选择了在这一特定年份任职时间较长的 CEO，因为他可能会在所有候选人中产生更大的影响。本研究收集了组织和环境层面的因变量和控制变量的年度数据，同时考虑到每位 CEO 的特征与时间无关（首席执行官的任期除外）。本研究的最终样本包括 271 位 CEO 和 1 017 个面板数据。

　　根据可持续发展战略的定义，本研究采用了由两个方面组成的计数变量：公司财务报告中公布的环境绩效和社会绩效。在 CSMAR 数据库中，该变量已被编码为多个指标，如公司是否组织环境检查、是否达到环境保护标准、是否在减少环境或安全事故方面有所改进等。此外，与可持续发展相关的认证也是可持续发展的一个重要指标。因此，本研究将环境管理体系认证 ISO 14001 作为可持续发展计划的一个变量，以衡量其稳健性。为收集认证数据，本研究从全国认证认可信息公共服务平台下载了样本企业的所有原始数据。

什么是冗余供应链管理系统？

　　保持供应链生产和库存的冗余来提高供应链韧性，降低供应链风险应保持一定标准，在能保证自身成本和投资在一定范围内的同时，保持适度的冗余，比竞争对手作出更快的反应。目前，大多数企业的供应链是由许多相互依赖的环节组成的。在这些环节中，当其中任意一个环节出现问题时，整个供应链都面临威胁。为了确保供应链系统的可靠性，企业需要引入一种能够消除单点故障的机制。这样一来，在某个环节出现故障时，整个供应链仍将继续运营。这就是冗余

> 供应链管理系统的一个基本概念。冗余供应链管理系统是一个有效的工具，旨在提高供应链的可靠性，减少潜在的故障和延误。冗余供应链管理系统的一个主要功能是降低风险。通过在供应链系统中引入冗余机制，企业能够减少突发事件对供应链的影响。如果某个环节出现问题，其他环节依然可以正常运营，从而降低了风险。

冗余通常被视为韧性的关键先决条件，它使企业能够以最小的创伤适应外部环境的重大变化（Bourgeois，1981）。一些研究者强调了企业供应链整体冗余的重要性，其中还包括所欠企业供应商的应付账款和所欠企业客户的应收账款（Kovach et al.，2015；Hendricks et al.，2009）。因此，本研究使用应收账款和应付账款之间的差值作为供应链冗余的衡量指标。

在环境层面，本研究计算了不确定性，它指的是环境因素的变化程度及其可预测性（Dess and Beard，1984），代表某一行业在一段时间内销售收入的波动性。本研究从 Wind 数据库和国家统计局官方网站收集了 4 个样本中各个子行业的销售收入总额，将时间作为一个独立变量，用最小二乘法来预测销售收入总额，并采用回归方程中斜率标准误差的反对数来测量（Boyd，1990）。

在感知的环境不确定性层面，本研究选择 CEO 的投资战略作为 CEO 注意力负荷的指标，这是同时关注多个问题的认知过程极限（Lavie et al.，2013）。因此，CEO 投资的公司越少，他的注意力负荷就越高，他感知的不确定性就越低（Ocasio，1997）。CEO 的投资数据来自企查查数据库（https：//pro.qcc.com），该数据库包含公司的基本运营和执行信息。本研究以 CEO 的投资额为标准来确定他的个人投资决策，并计算 CEO 个人投资的公司总数。

表 7.1 列出了基于面板数据的 4 个泊松回归结果。模型 1-1 表明，供应链滞后对可持续绩效的影响是正向且显著的（$\beta=0.239$，$p<0.05$），模型 1-2 表明，客观环境不确定性对供应链冗余对可持续绩效的影响具有正向调节作用，但不显著（$\beta=0.239$，$p<0.05$）。在感知环境不确定性的调节作用方面，模型 1-4 表明，感知环境不确定性对客观环境不确定性对供应链冗余和可持续绩效之间关系的调节作用是负面的（$\beta=0.484$，$p<0.05$）。

表 7.1　SCS、OEU、PEU 的主效应和调节作用的结果

自变量	可持续绩效			
	模型 1-1	模型 1-2	模型 1-3	模型 1-4
Con_	−253.5（−0.53）	−80.61（−0.15）	−39.17（−0.08）	197.7　（0.37）
SCS	0.239*（2.56）	−13.53（−1.35）	12.30（−1.26）	−14.57（−1.38）
客观环境不确定性		0.294（0.82）	0.316（0.93）	0.330（0.91）
供应链冗余×客观环境不确定性		13.71（1.38）	12.61（1.29）	15.26（1.45）
主观环境不确定性			−0.411（−1.72）	−41.59（−1.16）
供应链冗余×主观环境不确定性			−0.110（−1.41）	−0.304*（−2.57）
供应链冗余×主观环境不确定性×客观环境不确定性				−0.484*（−2.00）
主观环境不确定性×客观环境不确定性				40.25（1.14）
产业集中度	13.00　（0.53）	4.055（0.15）	1.907　（0.08）	−10.37（−0.37）
企业规模	0.006***（3.48）	0.006***（3.53）	0.006***（3.70）	0.006***（3.78）
企业投资	0.073（0.94）	0.079（0.99）	0.111（1.30）	0.111（1.31）
CEO 任期	−0.000（−0.05）	−0.000（−0.08）	−0.000（−0.15）	−0.000（0.01）
CEO 性别	0.761（1.00）	0.788（1.03）	0.851（1.14）	0.866（1.15）
CEO 教育水平	0.383（1.34）	0.402（1.40）	0.247（0.86）	0.146（0.48）
Year	是	是	是	是
N	549	549	544	544
Wald χ^2	26.39	28.46	35.39	39.52
p	0.023	0.028	0.008	0.006

7.4　小结

本研究对现有文献有三个核心贡献。首先，本研究引入信息处理能力来阐明供应链冗余和可持续绩效的内在机制。与 Adobor 和 McMullen（2018）将供应链视为复杂适应系统的研究不同，本研究将供应链概念化为一个信息处理系统，遵循 Hult 等（2004）的观点，认为供应链冗余通过信息处理能力降低了意外干扰带来的负面影响，进而导致可持续绩效，因此，本研究丰富了使用动态能力来阐明供应链冗余在可持续绩效中作用的文献（Azadegan et al.，2013）。其次，本研究揭示了客观环境不确定性与感知环境不确定性叠加效应下适应（fit）与调整（adjust）逻辑。与 IPT 的观点一致，客观环境不确定性导致信息处理需求，而供应链冗余则引起信息处理能力（Busse et al.，2017；Gómez et al.，2016；Tushman and Nadler，1978；Galbraith，1973）。从元认知的角度来看，本研究认为调整逻辑是感知环境不确定性的二阶或有效应的基础。因此，本研究揭示了适应调整逻辑，它是客体不确定性和感知环境不确定性叠加效应的基础。

本研究从元认知的角度出发，根据理论融合方法，将一种理论应用于另一种理论的领域，从而扩展了信息加工理论。以往关于 IPT 的研究主要关注信息处理需求与信息处理能力之间的契合功能，以及这种契合如何有助于提高学习成绩（Busse et al.，2017；Gómez et al.，2016）。然而，人们对信息处理系统中人的作用却鲜有研究，尽管信息处理能力确实体现了不确定性、能力和人之间的相互关系。因此，本研究通过将元认知的视角引入信息加工理论领域，推进了适应调整逻辑的概念。通过这种方式，本研究扩展了信息加工理论，从元认知的视角考虑了管理者心智成熟度所导致的偏差调整（Kudesia，2019）。

本研究探讨了供应链冗余与供应链可持续绩效之间的关系。鉴于客观环境不确定性的重要影响，本研究从元认知的角度使用 IPT 来考察客观环境不确定性和感知环境不确定性对供应链冗余与可持续绩效关系的调节作用。结果表明，供应链冗余会导致经济、环境和社会绩效的提高。为支持契合逻辑，本研究的结果表明，客观环境不确定性对供应链冗余和可持续绩效的影响具有正向调节作用。此外，感知的环境不确定性对客观环境不确定性对供应链冗余与可持续绩效关系的影响有显著的负面调节作用，从而支持调整逻辑。

在实践意义方面，随着可持续发展的重要性日益凸显，管理者应保持适量的供应链冗余，以提高企业的可持续发展能力。本研究的研究结果概述了供应链冗余对可持续绩效的重要影响。因此，供应链冗余并不总是一个消极的概念，在当代环境下，管理者在追求满足消费者需求的可持续发展目标时，需要在不削弱后代能力的前提下保持适当的供应链冗余。换句话说，有了适当的供应链冗余，管理者就可以通过提高供应链的稳健性水平和供应链中断后的恢复能力，确保企业保持整体的正常运营绩效。

本研究表明，实现客观环境不确定性与供应链冗余之间的互动，即信息处理需求与信息处理能力之间的契合，将带来卓越的可持续绩效。也就是说，供应链冗余可以用来处理客观环境不确定性的负面影响。因此，管理者必须能够恰当地处理供应链冗余，平衡供应链冗余的收益与成本，以实现有效的可持续绩效水平。

管理者必须注意获取足够的客观环境不确定性信息，以减少自身感知的环境不确定性。根据元认知的观点，管理者感知到的环境不确定性的增加会导致客观环境不确定性与供应链冗余之间的契合度出现偏差，这种偏差是由管理者的心虚程度造成的（Kudesia，2019）。本研究的结果凸显了一个事实，即感知的环境不确定性会对管理者的心理幸福感产生负面影响，从而导致管理者对供应链冗余与供应链发展计划之间的契合度产生偏差。因此，管理者应通过获取与企业相关的当前客观环境不确定性程度的必要信息，降低其感知的环境不确定性。

第四篇

个体层面的影响因素

第8章
环境心理学理论

8.1 环境态度的定义

环境心理学是研究环境与人的心理和行为之间关系的学科，研究领域非常广泛，本章将聚焦环境态度（environmental attitude）展开。态度属于心理学范畴，用来描述个人意见或主观观念，是主体对客体的一种信念与情感，是对客体采取某种行为的倾向。关于环境态度，国内外众多研究者从心理学角度给出了诸多定义。早期的学者并没有区分态度与行为的差异，例如，Milfont 等（2004）认为环境态度是个人对环境的一种信念、感觉和行为倾向，是否将环境保护作为重要目标的一种感觉和参与保护生态的倾向。后来的学者则将其与行为区分开来，有的是从价值观的视角，例如，Brügger 等（2011）认为环境态度是一种与自然相关联的态度，这种态度暗示着一个人接受自然环境及其价值的程度，如果一个人拥有积极的环境态度，那么他将会接受自然环境及其价值，反之则会冷漠对待自然环境；有的则是从信念与情感的角度，认为环境态度是基于对世界和自然生态认知的一种信念，是基于对污染、科技，对所有相互依赖的同等重要生命物，对人类对地球上有限资源的依赖以及人类改造环境的行为与力量的信念与思考（Fergen et al.，2016；Asan Idrizi et al.，2014）。综上所述，国内外学术界对环境态度的定义并未统一化，但信念、情感、倾向、保护等词频繁出现在众多学者对环境态度的定义中，本书将环境态度定义为是对环境的一种信念与情感，是对环境采取保护行为的倾向，反映了个人对自然环境的普遍关注以及对环境保护行为的赞同与否，暗示个人对自然环境的责任感和义务感。

8.2　环境态度的测量

环境态度反映的是公众的一种心理，虽然属于一种潜在变量，无法被直接观察到，但是可以通过量表测量。20 世纪 70 年代，当公众对环境问题意识增加，环境态度逐渐受到研究者的关注，一些测量公众环境态度的量表逐渐被提出，诸如环境关心量表（the environmental concern scale）；Dunlap 和 Van Liere（1978）构造的新环境范式量表（the new environmental paradigm scale）。然而，随着时间的推移，环境关心量表与新环境范式量表不断受到批判，一些新的环境态度量表出现，如 20 世纪 90 年代提出的包括多维度的后果意识量表（the awareness of consequences scale），森林价值量表（the forest values scale）等。21 世纪，Dunlap 等（2000）意识到新环境态度范式量表在结构与语言上的缺陷，更新了新环境态度测量量表，提出了包括 15 个问题项的新生态范式量表（the new ecological paradigm scale）；Milfont 和 Duckitt（2004）利用两大维度（保护主义和利用主义），提出了一个多维高阶测量工具；Kaiser 和 Britta 等（2007）开发了一套基于回忆过去行为以测量环境态度的量表，这些行为包含节约能源、出行方式与交通工具、避免浪费、回收、消费以及其他替代性行为 6 个维度 40 个具体行为。虽然测量环境态度的量表越来越多，但新环境范式量表和由其发展而成的新生态范式量表被大部分研究者用于环境态度测量，占据环境态度测量的主要领域（Kaltenborn et al.，2009）。

新环境范式量表

新环境范式强调环境因素对于人类社会的影响和制约，坚持以下基本预设：①社会生活是由许多相互依存的生物群落构成的，人类只是众多物种中的一种；②复杂的因果关系及自然之网中的复杂反馈，常常使有目的的社会行动产生预料不到的后果；③世界是有限度的，故经济增长、社会进步以及其他社会现象，都存在自然的和生物学上的潜在限制。

1978 年，Dunlap 和 Kent Van Liere 在 *The "New Environmental Paradigm":*
A Proposed Measuring Instrument and Preliminary Results 中正式提出了新环境范式
量表（the new environmental paradigm scale），该量表由 12 个子项目构成，主要
用于测量公众对增长极限、生态平衡以及人类与自然的关系 3 个方面的看法，为
测量公众的环境关心水平提供了切实可行的工具。

新生态范式量表

新环境范式量表在具体的使用过程中出现了一些问题，如是否是单一维度的
量表以及能否适应环境问题的变化等。为了适应环境问题的变化及人们对于复杂
环境问题的理解，Dunlap 等在 2000 年正式发表了修订后的量表，称为新生态范式
量表（the new ecological paradigm scale）。

新生态范式量表由 15 个子项目组成，用于测量公众对自然平衡、人类中心主
义、人类例外主义以及生态环境危机等方面的看法。15 个子项目具体为：①目前
的人口总量正在接近地球能够承受的极限；②人是最重要的，可以为了满足自身
的需要而改变自然环境；③人类对于自然的破坏常常导致灾难性后果；④由于人
类的智慧，地球环境状况的改善是完全可能的；⑤目前人类正在滥用和破坏环
境；⑥只要我们知道如何开发，地球上的自然资源是很充足的；⑦动植物与人类
有着一样的生存权；⑧自然界的自我平衡能力足够强，完全可以应对现代工业社
会的冲击；⑨尽管人类有着特殊能力，但是仍然受自然规律的支配；⑩所谓人类
正在面临"环境危机"，是一种过分夸大的说法；⑪地球就像宇宙飞船，只有很
有限的空间和资源；⑫人类生来就是主人，是要统治自然界的其他部分的；⑬自
然界的平衡是很脆弱的，很容易被打乱；⑭人类终将知道更多的自然规律，从而
有能力控制自然；⑮如果一切按照目前的状态继续，我们很快将遭受严重的环境
灾难。

8.3 环境态度的影响

许多研究者将环境态度的研究聚焦在环境态度的影响因素上，因此该研究领域成果丰硕。研究环境态度前因变量的热点可归为两个方面。

一是涉及社会人口学方面，诸如性别、年龄、收入、教育和知识等社会人口特征。如 Van Liere 和 Dunlap（1980）从理论和经验角度审视了 5 个被认为能影响到公众环境关注程度的变量（年龄、社会等级、居住地、政治倾向和性别），并全面介绍了在这 5 个方面的理论假设以及验证过程。Fransson 和 Gärling（1999）总结了环境关注度的影响因素，例如年龄和性别等人口特征（Eagly and Kulesa，1997；Stern et al.，1993；Van Liere and Dunlap，1980），教育和收入等社会因素（Howell and Laska，1992；Black et al.，1985；Van Liere and Dunlap，1980），还有是否城镇居民（Arcury and Christianson，1990），是否加入工会等政治因素（Dunlap，1975）。在最近的研究中，Milfont 和 Sibley（2016）的研究表明相较于男性而言，女性对环境有着更加积极的态度，并且更加关心环境和倾向于参与环境保护活动。Poppenborg 等（2013）分析发现收入越高的人对生态服务系统的态度越积极，经济状况是环境态度的一个重要决定因素。Manoli 等（2014）表明在教育的影响下，学生的环境态度产生了正向的改变。

二是心理因素方面，例如价值观和道德。有的学者关注个人价值观，如 Stern 和 Dietz（1994）提出了一个"价值—信念—规则"理论框架，认为环境关注度与利己、利他和生态价值导向相关联；Milfont 和 Gouveia（2006）也检验了 Schwartz（1994）的价值观维度对环境态度的影响；Hansla 等（2008）验证了关于权利、善行和普救的价值观导向会影响人们对环境问题负面效应的信念，继而影响对环境问题的关注度。在众多类型的价值观中，Lee（2011）特别指出生态价值导向会显著影响公众对环境保护的态度。Hurst Megan 等（2013）采用文献综述和元分析研究了唯物主义价值观和环境态度的关系，结果表明，唯物主义观和环境态度呈负相关关系。Turkyilmaz 等（2015）利用 450 名消费者的调查数据，研究了道德伦理对环境态度的影响，结果发现，道德伦理对环境态度有着显著影响。除了公众自身初始的价值观和道德会决定其后来对环境的态度之外，还有很多来自外界社会环境的信息和知识，也都会直接或间接地对公众的态度产生影响。例如，Duerden 和 Witt（2010）通过试验验证了学习自然知识相关的间接或直接的体验对环境态度形成的影响。此外，Lee（2011）认为媒介、社会情境，以及价值导向是环境心理学背景下的"态度—意愿—行为"这一模型的前导因素。他还认为生态价值导向在这种环保信息情境和环保态度之间发挥了完全的中介作用。

8.4　环境态度与环境行为

许多研究者对环境行为的称呼不一致，如环境行为（environmental behavior）、生态行为（ecological behavior）、环境友好行为（environmentally friendly behavior）及亲环境行为（pro-environmental behavior）等，但是其内涵大同小异，都注重个人积极主动采取实际行动来避免或者解决环境问题（武春友和孙岩，2006）。在现有研究中，对环境行为定义比较有代表性的有 Hines 和 Stern 等学者的界定，Hines 等（1987）将环境行为定义为"一种基于个人责任感和价值观的有意识行为，目的在于能够避免或者解决环境问题"；Stern 等（2000）从影响和意向两个维度，将环境行为界定为个人直接或者间接影响环境变化的行为或者有利于环境保护的行为。综上所述，本章将环境行为简单定义为个体为防范、改善或解决环境问题而参与环境保护的亲环境行为。

环境态度和行为的关系是环境心理学中的关键问题，现有研究已经有很多成熟的理论框架针对该问题的分析，负责任环境行为理论（the mode of responsibly environmental behavior）、计划行为理论（theory of planned behavior，TPB）（Ajzen，1991）和态度—行为—情境理论（attitude-behavior-context，A-B-C）（Guagnano，1995）是研究解释环境态度与环境行为关系比较经典，且为后续研究奠定基础的三大理论。

（1）负责任环境行为理论

Hines 等利用荟萃分析法（Meta-analysis），对大量研究环境行为影响因素的文献进行整合，提出了负责任环境行为理论模型。负责任的环境行为模式指出环境行为的产生主要是个人具有采取行动的意向，而这种意向受多种因素影响（图 8.1）。这些因素包括两类：一是影响采取行动的能力因素，即环境问题的了解、行动策略知识以及行动技能；二是影响采取行为的个人动力因素，包括态度、控制观和个人责任。个体对环境问题的了解程度是采取环境行为的前提，而采取环境行为所需要的技能和策略知识，会影响个体在特定情况下是否采取最有效的措施来减少对环境的危害。此外，具有积极的环境态度和控制观，且认为采取的行动有利于解决环境问题的个体对环境表现出更高的行动意向。情境因素也是影响环境行为的一个因素，诸如社会压力、个人经济条件等，使得环境行为不确定性增加。

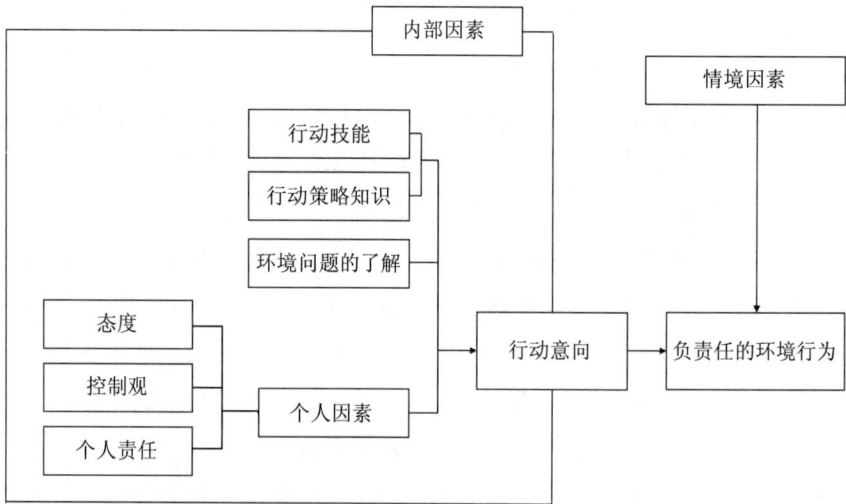

图 8.1　负责任的环境行为模式（Hines et al.，1987）

（2）计划行为理论

在社会心理学的领域中，学者们普遍认为大多数人类行为都具有目标导向。Ajzen（1991）在合理行为理论的基础上增加了一个感知控制的维度，提出了计划行为理论。计划行为理论假设个人会做出合理选择，而且行为是由行使这种行为的意图决定的。你的意图越强烈，你就会付出越多的精力来行使特定的行为，同时你也就越愿意做出这种行为。行为意向是实际行为的关键前提，而行为意向取决于三大心理因素，即态度（attitude）、主观规范（subjective norm）和感知行为控制（perceived behavioral control）。态度体现了评价行使这种行为的积极或消极的意愿；主观规范体现了一个人认为其他人赞同或不赞同某种行为的重要程度，同时也体现了这种行为的社会成本和收益；感知行为控制体现的是感知到行使这种行为的可能性，依赖促进或者阻碍相关行为的各种因素；如果个体对产生某种行为具有的态度越积极、感受到规范压力越大以及感知到的控制越多，则采取行为的意向就越强。

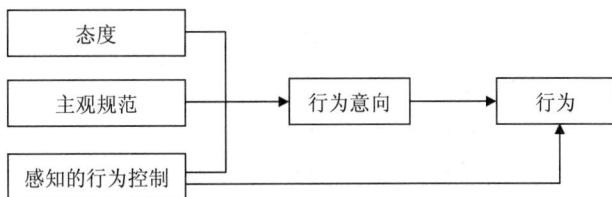

图 8.2　计划行为理论（Ajzen，1991）

（3）态度—行为—情境理论

A-B-C 理论起源于 Stern 和 Oskamp 在 1987 年提出的复杂环境行为模型，该模型认为个体的环境行为是由内外部因素共同决定的，且发挥不同的作用。其中，外部因素主要指社会制度、具体结构和经济激励等约束因素，内部因素指环境态度、信仰、相关知识和意愿等。Guagnano 等（1995）在此基础上提出了 A-B-C 理论，该理论指出环境行为（environmental behavior，B）受 3 个主要因素影响，即环境态度（environmental attitude，A）、情境（context，C）和行为本身。环境态度指个体对于特定对象或行为的评价和看法；情境是指影响个体行为的环境和条件；行为本身对个体行为的影响则是通过反馈和认知过程实现。这 3 个因素相互作用，共同影响着个体的行为。当二者中情境因素影响非常小（C 接近于原点）时，环境态度对环境行为影响占据主导；当外部情境因素的影响极为明显

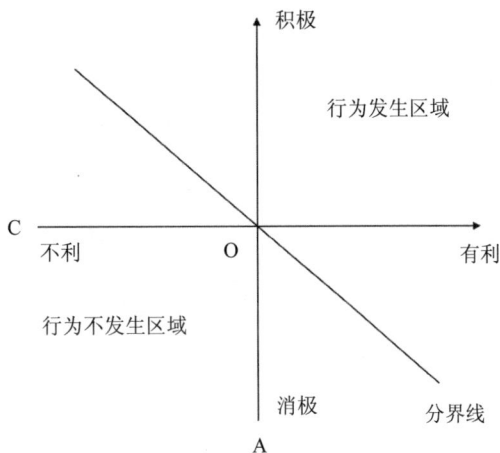

图 8.3　态度—行为—情境理论
（Guagnano and Stern，1995）

（C 远离原点）时，环境态度对行为的解释力就会减弱。当存在十分有利的情境因素时会促进环境行为发生，反之，则会阻碍环境行为产生。

除此之外，讨论环境行为影响因素的模型还有许多。例如，规范激活模型（NAM）和环保主义"价值—信念—规范"理论（VBN）关注道德和环境行为之间的关系（Steg et al.，2010；Stern，2000；Stern et al.，1999；Schwartz et al.，1981；Schwartz，1977）。NAM 认为环保行动是在个人规范激发后发生的，体现了对行使或者规避特定行动的道德责任的感知。在某人意识到环境问题是由他的行为造成的时候，感觉到自己对这些问题负有责任，感到自己的行为也许可以减少相关的问题，同时觉察到自己有能力参与减少相关问题的活动的时候，个人规范就被激发出来。VBN 理论是 NAM 理论的延伸，同时认为情境因素，特别是问题意识，依赖生态世界观和价值观导向。VBN 理论提供了一种环境态度形成模式，从社会角度探讨环境关注和环境问题之间的联系。

第 9 章
消费者环境心理的影响

9.1 消费者环境心理的重要性

随着可持续发展理念的普及，生活水平不断提高的消费者也逐渐开始追求健康和更高的生活品质，对产品的安全性、环保性和可持续性要求越来越高，对更具有环境效益和社会效益的产品的兴趣度也逐渐上升（Sloan，2007）。为了更好地坚守发展社会、经济以及保护环境的三重底线（Elkington，1998），为了更充分地满足消费者新时代需求，一些企业也致力于构建可持续供应链，开展可持续营销，为消费者提供可持续产品，从而引导和促进消费者可持续消费行为。这个过程的关键在于要说服消费者选择购买具有可持续属性的产品。可持续产品属性信息的主要作用是宣传可持续产品，有助于说服消费者购买该类产品。它向消费者传递着企业可持续供应链上的可持续信息，展现着产品的可持续特性，让消费者能够直观地认识和了解产品，以此来帮助消费者作出正确的购买决策，作出可持续消费行为选择（李娜，2016）。

消费者在选择购买拥有不同产品属性组合的产品时，实际上是一个信息处理的过程。根据信息处理理论（information processing theory，IPT），消费者最终的购买决策依赖考虑跨属性的产品或替代方案的特定产品属性等可用信息的处理（Bettman，1979），消费者将每条信息综合起来，形成对产品的整体判断（Anderson，1981）。在前一章提到，负责任的环境行为模式、计划行为理论和A-B-C 理论等均表明消费者的环境态度会影响其环境行为。面对不同的产品属性信息，拥有积极环境态度的消费者更可能采取解决环境问题的行动，在购买产品时选择具有可持续属性的产品。然而消费者对于作为心理层之一的环境态度的判断把握并不是绝对的，其具有不确定性，态度的不确定性在整个行为导向过程中起到了关键的作用（Krishnan and Smith，1998）。但是目前诸多研究者在研究环境态度行为对消费者行为的影响时，皆把环境态度作为绝对存在，忽视了环境态度的不确定性（Fergen et al.，2016；仇立，2016；MacMillan et al.，2015）。为了避免较强的测量偏差（魏谨和佐斌，2013），一些研究者开发了一种客观估计态度不确定性的建模方法，即判断的不确定性和幅度参数（Judgment Uncertainty and Magnitude Parameters，JUMP）模型（Rotte et al.，2009；Chandrashekaran et al.，2007）。这一模型有助于我们同时考虑环境态度绝对值和不确定性两个维度对消费者行为的影响。

为探究产品属性信息、消费者环境态度和环境行为之间的关系，本研究首先基于经济、环境和社会三大维度研究呈现不同信息的产品属性，尤其是蕴含可持续信息的产品属性，对消费者的行为选择的影响；其次研究讨论了环境态度对消费者产品选择的调节作用，同时考虑了环境态度不确定性的影响。

9.2　消费者环境心理的理论框架

信息加工理论（information processing theory，IPT）是研究者们探讨人们认知的一种普遍的理论基础，解释了人们认知过程、内部信息流程与行为的关系，其基础为：①从机能上，把人类大脑与电脑进行类比，将人脑类比于电脑的信息处理系统；②人类的认知过程为信息的处理过程，接收与输入信息、编码与内在化等方式处理信息、输出结果引导行为（Gurbin，2015；Norman and Bobrow，1976；Norman，1968；Newell and Simon，1958）。随着 IPT 的发展，其在越来越多的领域得到了广泛运用，成为诸多学者研究的理论基础。例如在管理领域，Foerstl 等（2018）以 IPT 为基础，研究选择合适的信息处理机制以解决可持续供应管理中与可持续性相关的不确定性。在营销领域，随着 Bettman（1979）将 IPT 应用于消费者的研究，越来越多研究者利用 IPT 来研究消费者，例如张海彤（2015）采用试验的方法，以 IPT 为基础，研究了网络购买中多线索信息对消费者购买意愿的影响；Line 等（2016）利用 IPT 进行了可持续性方面的研究，分析了信息构建对消费者对绿色餐厅态度的影响。本研究也涉及消费者研究领域呈现信息的产品属性对消费者行为的影响，即研究消费者接收产品属性信息，进行信息处理后最终将采取何种选择行为，所以 IPT 适合作为本研究的理论基础。

环境态度会影响消费者对可选择性信息的处理。消费者受到信息处理任务引起的认知压力的限制（Park，1976；Wright，1975），这种限制可能会"限制消费者积极考虑的品牌数量，减少他们积极处理的每个品牌的属性数量，或调整可感知的范围以限制每个属性处理的信息"（Yoon et al.，2011）。Kotler（2001）认为消费者因为个体特征不同，对受到的刺激会有不同的反应和态度。态度是长期形成的一种信念，在一般情况下不易改变，容易存在偏见，在这种情况下，消费者个体倾向于注重一致性，选择那些与其态度或决策一致的信息（Sanbonmatsu et al.，1998；Frey，1986）。因此，消费者基于 IPT，在选择消费行为时有选择地依赖与其环境态度一致的信息。作为一种心理因素的环境态度将通过与环境信息相关的产品的特定属性来影响消费行为（MacMillan，2015；Gaspar，2011）。

基于以上理论基础，我们推测呈现经济、环境和社会信息的产品属性均对消费者行为选择具有显著影响，其中，环境态度绝对值对呈现环保信息的产品属性与消费者消费行为选择间的关系起显著增强的调节作用，而环境态度不确定性则在其中起显著弱化的调节作用。

9.3　消费者环境心理对可持续的影响

9.3.1　研究方法

我们采用离散选择实验法和问卷调查法收集研究数据。离散选择实验是一种模拟现实决策的研究方法，是市场营销领域中研究消费者对某一产品购买选择的常用研究方法。离散选择实验通过设计具有不同属性以及水平的多个产品，为消费者提供多个产品选择，以模拟消费者在实际生活中购买决策时的真实情境，从而研究影响消费者进行购买选择的因素。

本研究选取西红柿为研究对象，实验设计具体步骤如下。

（1）产品属性及水平设定

考虑到农产品供应链的上中下游，以及可持续供应链的 3 个维度（经济、环境和社会），选取了西红柿供应链上游认证、产地、扶贫 3 个属性；中游包装属性；下游价格、储藏温控属性；以及贯穿全程的可追溯属性，合计 7 个属性（表 9.1）。

表 9.1 西红柿产品属性及水平说明

供应链	属性	水平和编码	描述		
			经济	环境	社会
上游	认证	0=无；1=无公害认证；2=绿色认证；3=有机认证		√	
	产地	0=本地；1=外地		√	
	扶贫	0=无；1=扶贫项目			√
中游	包装	0=塑料袋散装；1=塑料盒装；2=泡沫网装		√	
下游	价格	0=6.4元/500 g；1=10.9元/500 g；2=16.8元/500 g；3=23.9元/500 g	√		
	储藏温控	0=常温；1=冷藏		√	
全程	追溯	0=不可追溯；1=可追溯			√

在西红柿供应链的上游环节，认证属性包括无认证、无公害、绿色和有机认证 4 个水平，涉及生产环节对环境的影响，从无认证到有机认证，其生产对环境的影响依次减小；产地属性分为本地和外地两个类别，考虑的是由产地导致的运输距离对环境的影响；扶贫属性考虑的是对社会公平的影响，分为非扶贫项目和扶贫项目两种。由此可见，在西红柿供应链的上游环节，产品认证、产地和扶贫属性涉及可持续供应链三重底线的环境维度和社会维度，传递着环境信息和社会信息。

在西红柿供应链中游的加工环节，包装由简单到复杂甚至过度，分为塑料袋散装、塑料盒装及泡沫网装 3 个水平，呈现了产品的环境信息，涉及可持续供应链的环境维度。

在西红柿供应链下游的销售环节，价格属性分为6.4元/500 g、10.9元/500 g、

16.8元/500 g和23.9元/500 g，以供消费者选择，呈现经济信息的价格属性，涉及可持续供应链的经济维度；储藏温控属性包含常温和冷藏两个水平，储藏温控通过能耗对环境产生影响，传递出环境信息，属于可持续供应链的环境维度。

追溯属性涉及供应链的全程，包含不可追溯和可追溯两个选择，可追溯属性传递着产品的质量类社会信息，符合人们对食品安全和健康的追求，属于可持续供应链的社会维度。

（2）确定选择集

将产品不同属性的不同水平进行组合形成备选产品，再将不同备选产品组合成产品选择集后，可供被试者选择的选择集过于庞大。因此，我们运用选取正交试验设计来减少选择集数量以满足可操作性（舒方，2015；谭慧，2014）。正交设计是研究多属性多水平的一种常用的实验方法，运用正交排列法（orthogonal arrays）估计主效应的线性模型（linear model），从而期望获得平衡的、正交的产品组合（黄晓兰，2002）。正交试验形成的矩阵设计有利于各属性不同水平相互独立，以及各属性不同水平出现的机会相等。通过 SPSS25.0 进行正交主效应因子设计，选择 16 个选择集。通过正交设计确定 16 个产品选择集中的第 1 个选项下的产品后，则需要配对确定第 2 个选项下的产品，以让被试者在配对的两个产品中做出选择。如何配对存在许多方法，本研究选取折叠法（foldover）进行循环转变，也就是在产品配对中，让选项 1 成为选项 2 的镜像，如果某属性下有两个水平，编码为 0 和 1，选项 1 下编码为 0 则对应的选项 2 下编码 1，即 0=1、1=0。同理，在 3 水平下，0=1、1=2、2=0；4 水平下：0=1、1=2、2=3、3=0（Street，2005；Louviere，2000）。通过上述变化形成配对选项下的产品，并形成最终产品选择集。

正交试验设计

正交试验设计（orthogonal experimental design）是研究多因素多水平的一种设计方法，它根据正交性从全面试验中挑选出部分有代表性的点进行试验，这些有代表性的点具备均匀分散、齐整可比的特点，正交试验设计是分析因式设计的主要方法。

> 正交试验设计的主要工具是正交表，试验者可根据试验的因素数、因素的水平数以及是否具有交互作用等需求查找相应的正交表，再依托正交表的正交性从全面试验中挑选出部分有代表性的点进行试验，可以实现以最少的试验次数达到与大量全面试验等效的结果。

（3）形成最终选择试验

通过 16 个产品选择集，共设计出 32 种西红柿，将每个产品所包含的属性信息附上，形成最终 16 组两两比较的具体西红柿产品选择，在每一组选择中还有"都不选"的选项，表 9.2 是一个选择集的例子。

表 9.2　离散选择试验示例

属性	产品 1	产品 2	
认证	无公害认证	绿色认证	
价格	6.4元/500 g	10.9元/500 g	
包装	塑料盒装	泡沫网装	
追溯	可追溯	不可追溯	都不选
产地	外地	本地	
储藏温控	常温	低温冷藏	
扶贫	无	扶贫项目	
是否购买	[　　]	[　　]	[　　]

本研究在实际调查操作中运用的主要研究方法为问卷调查法，包括离散选择试验的操作均是结合问卷调查法进行的。问卷的第一部分包括消费者的心理因素测量。通过文献阅读，了解环境态度受价值观、规范以及知识的影响，本研究主要通过量表对这些变量进行测量。其中环境态度的测量运用新生态范式量表（Dunlap et al.，2000）；价值观运用 Stern 和 Dietz（1999）等开发的四维（利他主义、传统品质、利己主义、开放程度）价值观量表，规范（道德规范、社会规范、个人规范、主观规范）量表分别来自 Hynes 等（2016）、Thoegersen 等（2006）、López-Mosquera 等（2012）研究中运用的相关量表，而关于环境知识认

知的量表则是利用 Fryxell 等（2003）研究中的环境知识测量量表。问卷的第二部分为离散选择实验部分，第三部分为社会人口特征。

9.3.2 实证结果与讨论

本研究共回收有效问卷 715 份，问卷回收有效率为 76.22%，且信度和效度均较好。首先，采用离散选择模型中的多元 Logit 模型（multinomial logit model，MNL）（模型 1）考察产品属性对消费者行为选择的影响，研究结果如表 9.3 所示。

表 9.3　产品属性对消费者行为选择影响：多项 Logit 回归结果

Choice	Coef.	Std.Err	t
认证	0.292^{***}	0.013	22.090
产地	-0.125^{***}	0.029	-4.270
扶贫	0.517^{***}	0.029	17.590
包装	-0.183^{***}	0.019	-9.810
价格	-0.444^{***}	0.014	-32.810
储藏温控	-0.036	0.029	-1.230
追溯	0.644^{***}	0.029	21.910
opt_out	-19.307	354.434	-0.05
N	715		
R^2	0.167	AIC	23 214.024
χ^2	$4\ 666.397^{***}$	BIC	23 278.283

注：Choice 为回归因变量消费者行为选择，即消费者是否选择购买；Coef.为回归系数；Std.Err 表示标准误；t 表示 t 检验统计量；opt_out 为替代选项，即两种产品皆不选的选择，为控制变量；N 为样本数；χ^2 为卡方，下同。

从供应链上游产品属性对消费者行为选择的影响来看：呈现环境信息的认证属性对消费者选择购买产品具有显著正向影响，相较于无认证的产品，消费者更加愿意购买具有无公害认证、绿色认证和有机认证的产品，并且产品所具有的认证级别越高，消费者购买意愿越高；产地属性也暗示产品的环境信息，产地属性对消费者行为选择呈显著负向影响，相较于外地产品，消费者倾向于购买本地生产的西红柿产品；蕴含社会信息的扶贫属性对消费者行为选择具有显著正向影响，对于不具有扶贫属性的产品来说，消费者更愿意购买扶贫产品。

从供应链中下游产品属性对消费购买行为选择的影响来看，暗示环境信息的包装属性对消费者行为的影响为负向影响且十分显著，相较于复杂、过度包装的产品，消费者更倾向于选择购买包装简单的产品；体现经济信息的价格属性对消费者购买选择呈现显著负向影响，价格越高，消费者购买意愿越低，消费者倾向于购买价格低的产品；储藏温控属性传递环境信息，对消费者行为影响呈负向影响但不显著，说明储藏温控属性对消费者行为选择的影响在该样本下无统计学意义，消费者在考虑储藏温控属性的时候有可能将其与保鲜状况相连接，可能认为冷藏更有利于保持西红柿的新鲜度，但这样的储藏又更加耗能，由于这两种可能的考虑交织，干扰了储藏属性对消费者最后购买行为选择的影响。

从涉及供应链全程的追溯属性对消费者购买行为选择影响来看，呈现社会信息的追溯属性对消费者行为选择的影响为显著正向影响，相较于不可追溯的产品，消费者更倾向于购买可全程追溯的产品。

模型1：离散选择模型（DCM）和多元Logit模型（MNL）

离散选择模型（discrete choice model，DCM），也称为基于选择的联合分析模型（choice-based conjoint analysis），是一种处理离散、复杂、非线性的多元统计分析方法，是研究个体选择最有力的工具，该模型在市场营销领域已广泛应用于分析消费者个体的决策过程。离散选择模型以需求理论和效用理论为基础理论。需求理论强调人们对产品的需求是建立在对产品的各属性的特定组合的需求，效用理论则提出人们会选择给其带来效用最大化的产品。

某消费者 m 在选择集 C_q 中选择 j 的条件为：

$$U_{mj} > U_{mk}, \; j \neq k, \; j \in C_q, \; k \in C_q$$

式中，U_{mj}——在选择集 C_q 中选择 j 产品的效用；

　　　U_{mk}——在选择集 C_q 中选择除 j 的任意选择。

$$U_{mj}=V_{mj}+\varepsilon_{mj}$$

式中，V_{mj}——消费者 m 选择产品 j 的效用确定项；

ε_{mj}——消费者 m 选择产品的随机项。

因此，消费者 m 选择产品 j 的概率 P_{mj} 可描述为：

$$P_{mj}=\mathrm{Prob}\left(U_{mj}>U_{mk},\ j\neq k,\ j\in C_{\mathrm{q}},\ k\in C_{\mathrm{q}}\right)$$

$$=\mathrm{Prob}\left(V_{mj}+\varepsilon_{mj}>V_{mk}+\varepsilon_{mk},\ j\in C_{\mathrm{q}},\ k\in C_{\mathrm{q}}\right)$$

离散选择模型体系中最简单，实际研究中最常用的形式为多元 Logit 模型，该模型假设消费者完全没有随机偏好，设定随机效用服从独立的极值分布，使一些复杂问题更加精细。则此时消费 m 选择产品 j 的概率可表示为：

$$P_{mj}=\frac{\exp(V_{mj})}{\sum_{w\in C_{\mathrm{q}}}\exp(V_{mw})}$$

由于该部分只考虑产品属性对消费者行为选择的影响，所以选取 MNL 模型，则消费者 m 选择产品 j 的概率 P_{mj} 可表示为：

$$P_{mj}=\frac{\exp(V_{mj})}{\sum_{w\in C_{\mathrm{q}}}\exp(V_{mw})}=\frac{\exp(\sum\delta X_{ji})}{\sum_{w\in C_{\mathrm{q}}}\exp(\sum\delta X_{wi})}$$

式中，X_{ji}——产品 j 包含的属性水平。

本研究利用支付意愿估计来进一步阐明产品属性对消费者购买行为选择的影响，支付意愿的结果与上文的回归结果吻合，如表 9.4 所示。总的来说，在产品属性对消费者购买行为选择的影响方面，消费者更加倾向于购买认证级别高、价格低、包装简单、全程可追溯的本地生产的扶贫产品。

表 9.4　支付意愿估计结果

产品属性	支付意愿/（元/500 g）	产品属性	支付意愿/（元/500 g）
认证	3.872	价格	−0.524
产地	−1.627	储藏温控	8.601
扶贫	6.869	追溯	3.872
包装	−2.454		

模型2：JUMP 模型

JUMP（judgment uncertainty and magnitude parameters）模型将态度分为绝对值和不确定性两个维度，EAT 是 NEP 量表测量下的环境态度，而环境态度的绝对值 EAM 是关于这个分布的中心度，环境态度的不确定性 EAU 表现在这个分布的方差上。由此，基于不确定性的环境态度模型就可以表示为方程（1）和方程（2）：

$$EAT = a + EAM + \varepsilon \qquad (1)$$

$$var(\varepsilon) = \sigma^2 + EAU \qquad (2)$$

基于文献中关于环境态度的影响因素可以得出环境态度及不确定性受价值观（Value）、规范（Norm）、知识（Knowl），以及社会人口特征——性别（Gender）、年龄（Age）、收入（Income）、家庭人口（Family）和教育（Edu）影响，本研究将社会人口特征作为控制变量。因此环境态度绝对值和不确定性估计方程如下：

$$EAM = \beta_1 \times Value + \beta_2 \times Norm + \beta_3 \times Knowl + \beta_4 \times Gender + \beta_5 \times Age + \qquad (3)$$
$$\beta_6 \times Income + \beta_7 \times Family + \beta_8 \times Edu$$

$$EAU = \gamma_1 \times Value + \gamma_2 \times Norm + \gamma_3 \times Knowl + \gamma_4 \times Gender + \gamma_5 \times Age + \qquad (4)$$
$$\gamma_6 \times Income + \gamma_7 \times Family + \gamma_8 \times Edu$$

综合方程（1）～方程（4）得：

$$EAT = a + M\beta + \varepsilon \qquad (5)$$

$$var(\varepsilon) = \sigma^2 + U\gamma \qquad (6)$$

式中，M——EAM 的影响变量矢量；

U——EAU 的影响变量矢量。

环境态度绝对值和环境态度不确定性的具体估计过程如下：

第一步，将 EAT 作为因变量，EAM（记为 EA）作为自变量矢量，对方程（5）进行普通最小二乘法回归估计。得最初的系数 $\hat{\beta}$。

第二步，并且得到残差平方 e^2，其中 $e^2 = (EA - M\hat{\beta})^2$，$e^2$ 是对个体层面方差的估计，与 ε_i^2 具有相同的渐进性质。

第三步，将 e^2 作为方程（6）中因变量进行估计，获得系数 $\hat{\gamma}$ 和 $\hat{\sigma}^2$。

第四步，以 $2(\hat{\sigma}^2+U\hat{\gamma})^2$ 为权重，$\hat{\sigma}^2+U\hat{\gamma}>0$ 为条件，通过加权最小二乘法重新进行第三步估计，得到新的 $\hat{\sigma}^2$ 和 $\hat{\gamma}$。

第五步，$\hat{\sigma}^2+U\hat{\gamma}$ 为权重，通过加权最小二乘法重新对第一步估计，获得 β 的无偏有效估计 $\hat{\beta}$。

由此即可得到估计的环境态度绝对值（$M\hat{\beta}$）和环境态度不确定性（$U\hat{\gamma}$）。

接着，本研究采用了 JUMP 模型（模型 2）客观估计了环境态度绝对值和环境态度不确定性的值，在此基础上，利用贝叶斯混合 Logit 模型进行回归估计，探讨环境态度这两部分分别对产品属性与消费者行为选择关系的调节作用。JUMP 模型估计结果如表 9.5 所示。

表 9.5　JUMP 模型估计结果

	4-1			4-2		
	$\hat{\beta}$	St.Err	t	$\hat{\gamma}$	St.Err	t
价值观	0.143**	0.063	2.260	0.004	0.037	0.100
规范	0.183***	0.050	3.680	0.025	0.029	0.840
知识	0.123***	0.027	4.610	−0.047***	0.015	−3.030
性别	0.048	0.035	1.370	−0.005	0.021	−0.260
年龄	−0.051	0.043	−1.200	0.050**	0.024	2.090
收入	0.037**	0.018	2.030	0.008	0.011	0.780
家庭人口数	−0.016	0.034	−0.470	−0.002	0.020	−0.110
教育	0.089**	0.043	2.070	−0.061**	0.024	−2.490
_cons	1.965***	0.250	7.850	0.225	0.143	1.580
N	715			715		
R^2	0.132			0.103		
F	13.478***			χ^2	22.885***	

注：①表中 4-1 部分为 JUMP 模型下环境态度绝对值影响因素估计；4-2 为环境态度不确定性影响因素估计。

②表中 _cons 为常数项；$\hat{\beta}$ 和 $\hat{\gamma}$ 分别为 JUMP 模型下环境态度绝对值和不确定性影响因素的回归系数值。

从环境态度的影响因素来看，价值观、规范和知识皆对环境态度绝对值有着显著正向影响，消费者拥有的价值观越积极、受到和认同的规范越强，环境知识越丰富，消费者的环境态度绝对值则越高。对于环境态度不确定性影响因素来说，本研究关注的主要影响变量，只有知识对环境态度不确定性有着负向显著影响，消费者拥有的环境知识越缺乏，消费者的环境态度不确定性越高。

对环境态度的调节作用的探究发现，JUMP 模型估计得出的环境态度绝对值仅与包装属性交互项的回归结果显著，且系数为负，但包装属性对消费者行为选择的影响回归结果不显著，由于包装属性对消费者行为选择的影响的回归系数为负，即可得出环境态度绝对值越高，消费者选择购买简单包装的产品的意愿越强。

JUMP 模型下的环境态度不确定性与认证、产地和包装属性的交互项皆显著。对于认证属性对消费者行为选择的影响方面，环境态度不确定性对其具有显著削弱调节作用，相较于无认证的产品，消费者环境态度越不确定，消费者选择有认证以及认证级别高的产品的意愿减弱；在产地属性方面，环境态度不确定性也具有显著的削弱作用，消费者环境态度不确定性越高，消费者选择购买本地产品的倾向越低；在包装属性方面，环境态度不确定性与其交互项回归系数显著为正，即消费者环境态度不确定性越高，消费者对越简单包装属性产品的选择意愿越弱。

模型 3：贝叶斯混合 logit 模型

混合 Logit 模型（mixed logit model，MXL）与 MNL 模型相比，不受选项独立假设（IIA）的约束，能够避免其他离散选择模型形式的不足（周伟，2013）。MXL 在运用时主要针对 MNL 模型忽略个体差异性，对 MNL 模型进行扩展，可用于描述效用参数中个体可观测的差异性，从而解释不同个体对产品属性偏好不同而产生的选择行为的差异，即选择偏好的异质性（石春娜，2015）。最大似然估计常用于 Logit 模型，Regier 等（2009）研究表明，贝叶斯估计在分析时能够更好地处理隐性样本信息，从而获得更具统计性能、精确性较好的参数估计值，进而加强模型估计效率。基于贝叶斯估计的 MXL 能更好地估计具有个体差异的消费者之间的选择偏好差异，有利于获取更优和有效的选择结果。我们选取贝叶斯混合 Logit 模型对以下模型进行估计。

$$Y_{\text{choice}} = b + \text{opt\_out} + \sum \alpha_i X_i + \delta \tag{1}$$

$$\alpha_i = c + a_1 \times \text{Attim} + a_2 \times \text{Attiu} \tag{2}$$

$$b = a_3 \times \text{Attim} + a_4 \times \text{Attiu} \tag{3}$$

$$a_1 = \mu_1, \quad a_2 = \mu_2 \tag{4}$$

$$a_3 = \mu_3, \quad a_4 = \mu_4 \tag{5}$$

式中，δ 和 $\mu_1 \sim \mu_4$ 都表示随机项；b、c 和 e 为截距项；Attim 表示环境态度绝对值；Attiu 表示环境态度不确定性。

由于采用贝叶斯混合 Logit 模型估计，需要确定随机效应项和固定效应项，我们把环境态度绝对值、不确定性，以及这二者分别产品属性的交互项为随机效应项，产品属性为固定效应项。具体的推导如下：方程（4）与方程（5）表示最基层的选择集层，假设为随机，其给出上一层消费者群体层面临的选择集，影响上一层方程（2）和方程（3）的斜率项，接着拥有不同环境态度（绝对值和不确定性）消费者在不同产品属性间选择，消费者群体层影响最顶层产品层，即通过影响方程（1）的截距项和斜率项。由此可以推导得出：

$$Y_{\text{choice}} = \mu_3 \text{Attim} + \mu_4 \text{Attiu} + \sum \mu_1 \text{Attim} X_i + \sum \mu_2 \text{Attiu} X_i + \text{opt\_out} + \sum c X_i + \delta$$

9.4 小结

本章 9.1 节讨论了可持续供应链上游、中游和下游环节中包含经济、环境和社会三维度的产品属性对消费者行为选择的影响，发现消费者更加倾向于购买认证级别高、价格低、包装简单、全程可追溯的本地生产的扶贫产品。企业可以针对消费者对产品属性的偏好，转变供应链各环节所涉及的包含各种信息的产品属性，以满足消费者的需求，促进企业通过对产品赋予消费者可能愿意为之支付溢价的属性，来增加企业的潜在利润，同时实现供应链可持续发展。对于供应链上游，在生产方式方面，企业可采取无公害、绿色，甚至是有机的生产方式，并获得权威机构的认证，为消费者提供认证标签；在生产地方面，企业可与社区、本地生产者合作，尽可能在本地生产和采购产品；在生产公益性方面，企业应积极响应国家精准扶贫号召，促进贫困项目，从而造福社会。在供应链中游，包装方面，企业应考虑可持续包装设计，需要对包装的设计尺寸和形状进行仔细分析，以确保材料的使用效率最高，通过轻量化等方式尽量简化包装，以减少资源的浪费。在供应链下游，企业在对产品制定价格时，应考虑真实成本，合理定价，拒绝因具有高级别的认证标志就过分抬高价格。在供应链全程上，企业可增加信息技术的投入，打造满足消费者对质量和透明度需求的产品供应链全程可追溯平台。由此在各环节促进可持续属性发展，不仅推动了企业构建可持续供应链，还有利于促进消费者的可持续消费行为。

本章 9.2 节探究了消费者环境态度（绝对值和不确定性）差异如何调节可持续环境维度下产品属性对消费者行为选择的影响。发现消费者的环境态度的绝对值和不确定性对其选择更具可持续属性的产品具有重要影响，而价值观、规范和知识又对环境态度的绝对值和不确定性发挥着重要作用。由此，企业可增强可持续宣传、标签和标志提示，增强消费者对环保和可持续知识的了解。与此同时，提高消费者可持续消费意识不仅是企业的责任，还是全社会的努力目标，政府应弘扬可持续的积极价值观，促进可持续发展激励措施的施行，从而形成良好的社会规范；与此同时，政府及其他权威机构还可开展绿色、生态和可持续文化的宣传教育，并且结合其他更有效的干预手段（如价格干预等），让消费者充分意识到保护环境、实现可持续发展的责任和义务，以减弱消费者环境态度的不确定性，提升消费者的环境态度，从而促进消费者可持续消费。

本研究也仍存在一定的局限性，有待后续不断完善。第一，在产品属性选择上存在其他可能性，如品牌、品种、口味等，这些因素也都可能影响消费者行为。第二，在数据收集过程中，被试者要同时回答 16 个产品选择问题，容易产生疲惫感，从而影响数据的准确性。第三，个体的环境态度是动态的，可能会不断发展和变化，即可能会随着消费者的认知能力、经历等因素的发展而变化，在之后的研究中可以考虑将其作为动态研究变量进行深入探究。

第 10 章
企业家环境心理的影响

10.1　企业家环境心理的重要性

在个人层面上研究可持续供应链管理战略的驱动因素时，除了消费者，企业家也是需要关注的重要主体。市场的活力来自人，特别是来自企业家。企业家在带领企业发展、为国家发展贡献力量方面发挥了重要作用。2020 年 7 月，习近平总书记在企业家座谈会上发表重要讲话，强调要弘扬企业家精神，在复杂多变的外部环境和国际局势中，集中力量办好自己的事，带领企业战胜当前的困难，走向更辉煌的未来。这一讲话充分肯定了企业家在帮助企业应对外部变化、形成核心竞争力方面发挥的重要作用。在可持续管理的实践层面，甲骨文发布的可持续发展研究报告提到，企业高管对可持续性的重视将引导组织采取切实行动推动可持续发展。作为当前构建新发展格局、推动高质量发展的生力军，企业家对可持续议题的关注程度是组织实现可持续发展的关键。由此可见，企业家个体层面的因素也可能对可持续供应链管理产生积极影响。已有研究指出，高层管理会影响公司的可持续发展方向（Khizar et al.，2021；Emamisaleh and Rahmani，2017）。然而，其潜在的作用机制仍不清晰，因此，目前尚不清楚高层管理者的心理因素（如 CEO 的个性或注意力）是否影响公司可持续发展、如何影响公司的可持续发展方向，以及在此过程中哪些类型的组织能力至关重要（Hockerts，2015；Walker et al.，2014）。

近年来，学者们的研究逐渐将领导力理论的应用从个人、组织层面拓展到供应链层面，供应链领导力的话题引发了广泛的关注，供应链领导力是一个涉及供应链领导者和一个或多个供应链追随者的关系概念。根据供应链领导力理论，供应链领导者将通过建立供应链共同的愿景、与供应链上其他成员开展良好的合作和激励，促进可持续发展的实践。一些学者将供应链领导力嵌入可持续发展研究中，相关研究表明，可持续领导力与公司的可持续绩效呈正相关（Agyabeng-Mensah et al.，2023）。关于组织的研究还表明，道德领导力（ethical leadership）对企业的社会责任有积极的影响（Brown et al.，2005）。尽管这两个概念有所不同，但它们都专注于建立共同的价值观，从而影响员工的责任行为，并改善他们与利益相关者的关系（McCann and Sweet，2014）。此外，可持续和道德领导力研究的一个共同特征是它关注组织内部的领导力。然而，在组织间的层面上，供应链领导力（SCL）的作用尚未在可持续发展的背景下被探索。

为此，本研究基于领导力理论和注意力基础观，重点考察了 CEO 注意力如何影响可持续供应链管理，且供应链领导力在其中发挥着怎样的作用。下面将重点介绍该研究的主要理论依据、方法和结论。

10.2　企业家环境心理的理论框架

10.2.1　高层梯队理论

根据高层梯队理论，通过视域（即注意力所指向的区域）、选择性知觉（即选择性的知觉视域中的某些现象）和解释的过程，环境态度指数较高的管理人员会表现出更强的注意力、更强的选择性知觉和更强的解释能力。因此，对环境、社会和经济互动中的变化，具有较高环境态度的管理人员会表现出更多的关注和远见，更有预见性的感知和更有利于环境的行为。企业作为一个信息处理系统，将有更多的信息处理能力来应对可持续发展中的外部和内部不确定性（Tushman and Nadler，1978）。

高层梯队理论

高层梯队理论（upper echelons theory）认为，由于内外部环境的复杂性，管理者不可能对其全面认识。即使在管理者视野范围内的现象，管理者也只能进行选择性观察。这样，管理者既有的认知结构和价值观决定了其对相关信息的解释力。换句话说，管理者特质影响着他们的战略选择，并进而影响企业的行为。因此，高层管理团队的认知能力、感知能力和价值观等心理结构决定了其战略决策过程和对应的绩效结果。不过，高层管理团队的心理结构难以度量，而高层管理团队可客观度量的人口背景特征（如年龄、任期、职业、教育等）与管理者认知能力和价值观密切相关。因此，通过观察人口特征变量就可以客观地研究高层管理团队与企业绩效之间的关系。

环境态度被定义为对自然环境和人造环境以及影响其质量的因素进行某种程度的好恶评价的心理倾向（McIntyre and Milfont，2016）。研究表明，具有较高环境态度的个人更有可能具有更多亲环境行为意向，如希望定期实施亲环境行为以及更愿意为环保行为承担责任（Liobikienė and Juknys，2016）。

可以从信息的角度来分析管理者的环境态度与企业可持续发展柔性之间的内在机理。首先，环境态度高的人会认识到人类活动与环境之间的关系，并对社会生态互动的变化保持敏感。其次，他们会更加关注与自然环境相关的信息，而忽视与之无关的信息。最后，环境态度水平较高的人，在实践中获得和提高的环境认识会被强化，从而进一步增强。因此，我们假设管理者的环境态度与企业的可持续发展柔性之间存在正相关关系。

尽管高层梯队理论提出了管理者的特征对企业结果的影响，但管理者的特征转化为企业战略行动的心理过程仍是一个"黑箱"。为了揭开这个"黑箱"，我们提出了企业信息一体化在管理者的环境态度转化为企业可持续发展柔性过程中的中介作用。信息一体化是指对以前独立进行的若干成功或类似的经济或特别是工业流程的统一控制（Webster，1966）。Prajogo 和 Olhager（2012）将信息集成定义为通过信息技术（IT）实现供应链网络关键信息的共享。由于考虑到企业对内部、上游和下游可持续发展实践的信息一体化，我们将信息一体化定义为企业在战略上游与下游和上游合作伙伴合作，并在组织内部和组织间过程中合作管理信息的途径。因此，信息集成度较高的企业更有能力从内部和外部获取可持续发展实践的相关信息，并控制可持续发展进程，以迅速应对商业环境的变化。

一方面，信息一体化突出了战略合作在信息处理中的重要性。例如，企业可以通过与客户合作来提高需求信息的及时性和准确性，从而减少生产计划时间，进而提高对客户需求的响应速度。由于战略合作会带来与商业伙伴的相互信任和有效沟通，企业也可以通过学习和知识转移来提高信息处理能力（Blome et al.，2014）。

另一方面，信息一体化强调对组织内和组织间过程的信息进行协调和控制，目标是以低成本和高速度创造最大价值。根据信息处理理论，协调和控制机制越是复杂和全面，处理信息和应对单位间不确定性的能力就越强（Tushman and Nadler，1978）。此外，关于运营管理机制的大量实证研究表明，信息一体化可以提供柔性并提高企业的反应能力（Stevenson and Spring，2007；Fredericks，2005；Golden and Powell，1999）。因此，假设企业的信息一体化在管理者的环境态度对企业可持续发展柔性的影响中起中介作用。

Messick（1984）认为，认知风格指的是在组织和处理信息和经验的方式上存在一致的个体差异，并影响人们思考和行动的方式。尽管关于信息处理认知风格的研究很多，但研究者普遍认为，认知风格有系统性和直觉两个维度。具体来说，系统性指的是以逻辑和意向的方式分析情境的倾向。相反，直觉型指的是出于本能而不考虑知识或信息来源的倾向（Sagiv et al.，2010）。直觉型个体倾向于同时分析来自各种范式的信息，因此很可能得出独创的解决方案。由此，对于直觉型管理者来说，环境态度与我们所拥有的发展柔性之间的联系会更加紧密：假设管理者的认知方式越具有直觉倾向，管理者的环境态度对公司可持续发展柔性的影响越大。

10.2.2　注意力基础观

Ocasio（1997）提出的注意力基础观（attention-based view）关注在嵌入了各类刺激因素的企业内外部宏观环境下，管理者如何认知和理解这些因素进而做出决策。该理论将决策者个人的认知与组织结构相结合，探讨了管理者、组织与外部环境之间的交互作用，既关注注意力配置的结果，也强调注意力配置的过程（于飞，2014；吴建祖等，2009）。Ocasio 将注意力定义为决策者将自己的时间和精力用来关注、编码、解释并聚焦于组织的议题和答案的过程。从个体认知的角度来看，这些注意过程关注组织决策者的能量、精力和正念，专注于在任何特定时间进入意识的有限元素。因此，当同时解决几个问题时，个体在认知处理过程中受到限制，这被定义为注意力负荷（Lavie et al.，2003；Lavie，1995；Lavie and Tsal，1994）。

注意力基础观的基本逻辑是：①高层管理者决策决定了组织行为，而管理者进行决策又依赖注意力的分布；②管理者配置注意力时，既受到个人特质（如价值观、知识水平）的影响，又受到所处情境（如资源情况、行业环境等）的影响。例如，Shrader（1997）基于美国企业的实证研究发现，女性高管更关注社会贡献而忽略企业的经济利益。ABV 将人口学特征作为高层管理者注意力形成的前因，强调注意力对于组织战略决策的影响更加直接。

本研究试图将注意力基础观纳入可持续供应链的研究。ABV 适合于探索本研究的研究问题，因为有以下两个原则：①集中注意力，代表决策者的选择性关注。公司的高层管理者负责注意、编码和解释刺激，最终决定这些刺激是否值得分配时间和精力（Wang et al.，2023）。执行注意力是提升公司绩效的关键要素（Ocasio et al.，2018；Feldman，2014；Ocasio，1997）。因此，分配领导者的注意力是至关重要的（Eklund and Mannor，2021），注意力关注点影响了公司的战略议程（Nadkarni and Barr，2008）。②情境注意力，是指决策者在某种情况下集中的注意力。社会网络是一个相关的情景背景，它是构建组织决策的重要外部环境刺激。这往往会催生新的机会，激励企业家利用这些机会并最终获得可观的收益。

10.2.3　领导力理论

领导力研究主要集中于通过正式权力和权威在组织内影响一群人实现共同目标（Northouse，1997）。在领导力与道德学的交叉领域，对道德领导力的研究越来越多。这被定义为通过个人行为和人际关系展示规范适当的行为，并通过双向沟通、强化和决策将这种行为推广给追随者（Brown et al.，2005）。从社会学习的角度看，Brown 和 Treviño（2006）认为，道德领导力可以积极影响下属的道德决策和亲社会行为。

可持续领导被认为是一种新的领导风格，专注于在个人、组织和社会层面促进可持续发展的核心价值（Peterlin et al.，2015）。Hallinger 和 Suriyankietkaew（2018）认为，可持续的领导行为包括重视员工、拥有共同的愿景、表现出社会责任以及保持友好的劳资关系，这些都能提高公司的长期绩效。Iqbal 和 Ahmad（2021）也证明了企业的道德领导力对可持续绩效会产生积极影响。Wang 和 Feng（2023）基于社会学习理论指出供应链道德领导力会影响绿色供应链整合。

可持续和道德领导力的研究集中在组织内部，然而，一些研究尝试将领导力理论扩展到组织间的背景下，来描述一个供应链背景下的领导者公司和追随者组织之间的关系。借鉴领导力理论，Lockström 等（2010）首先将供应链领导力定义为影响供应商实现组织内共同目标的能力。Defee 等（2010）认为供应链领导力是一个关系概念，涉及供应链领导者和一个或多个供应链追随者组织，这些组织在一个动态的、共同影响的过程中相互作用。在供应链环境中，供应链领导者可以为供应链创造愿景，并建立牢固的供应链关系。Chen 等（2021）通过对供应链领导力与企业绩效之间关系的分析表明，供应链领导力不仅与企业的财务、运营和创新绩效呈正相关，还与企业的环境绩效和社会绩效（如绿色倡议和社会责任行为）呈正相关。然而，研究并没有关注高层管理者的认知和行为如何塑造供应链领导力的形成。

本研究结合领导力理论和注意力基础观，探讨了供应链领导力在 CEO 注意力负荷对公司可持续发展导向影响过程的中介作用。此外，ABV 还表明，决策者的关注重点取决于公司在不同的沟通和程序中的具体情况、资源和关系（Ocasio，1997）。因此，本研究也将探讨 CEO 社会资本可能存在的影响。

10.3　企业家环境态度对可持续的影响

10.3.1　样本和数据

在数据收集方面，数据是通过问卷调查收集的。由于原始量表为英文，问卷由专业研究人员翻译成中文，并由未参与研究的人员回译成英文，以便专家对两个版本的每个调查项目进行审查，以确定其含义是否一致（Zhao et al.，2006；Schaffer and Riordan，2003）。7 位学术研究人员作为专家评委对两个版本进行了评估，以确定其有效性。专家们只提出了微小的修改建议，如重新组织某些问题的顺序以及为标题和导言编写更流畅的措辞（Farh et al.，2006）。为了确定问卷在问题格式、措辞和顺序方面的有效性，我们进行了两个阶段的预测试，并将预测试的反馈意见以及行业专家和学术研究人员的意见和建议纳入调查表的修订版。

在变量测量方面，因变量可持续发展柔性是一个多维概念。根据 Upton（1994）的定义，Swafford 等（2006）从变化和范围两个方面衡量了柔性。Moon 等（2012）从功能角度将柔性分为操作系统柔性、采购柔性、分销柔性和信息系统柔性 4 个维度。综合了概念和功能两个视角，并将其应用到可持续发展的背景中，开发了可持续发展柔性的测量指标，如更换供应商以满足不断变化的环保要求的能力、企业每年可开发的新产品或服务的范围以满足不断变化的环保要求等。

在自变量的测量方面，首先，采用 Lee（2011）开发的量表来测量人的环境态度，包括"我非常支持中国需要更多的环保工程""环保问题与我无关（反向）"等 7 个项目。其次，使用 Sagiv 等（2010）开发的认知风格测量方法。根据他们的方法，由于系统量表和直觉量表高度负相关，因此将它们合并为一个包含 10 个项目的量表；高于中位数的回答被归类为系统量表，所有其他回答被归类为直觉量表。例如，系统量表包括"当我必须在备选方案中做出选择时，我会分析每一个备选方案并选择最佳方案"等项目，而直觉量表包括"当我决定如何行动时，我会遵循内心的感觉和情绪"等项目。最后，使用 Wong 等（2013）开发的量表来测量信息一体化。信息一体化强调组织内和组织间的信息协调、协作和共享，包括"我的公司通过信息技术与上级和客户共享信息"和"我的公司强调不同部门之间的信息流动"等项目。控制变量包括企业规模和企业年龄。

10.3.2 实证结果分析

在实证研究方面，我们首先进行逐步回归，检验管理者的环境态度对企业可持续发展柔性的直接影响（即 H1）。模型 2 的结果表明，管理者的环境态度对企业的可持续发展柔性具有正向影响（系数=0.408，$p<0.001$），从而支持 H1。此外，模型 3 的结果表明，信息整合对管理者环境态度与企业可持续发展柔性之间

的关系具有中介效应。笔者建立了结构方程模型（SEM），χ^2/df 为 1.633，这表明模型与数据拟合良好。结果显示，管理者的环境态度对企业可持续发展柔性的直接影响不显著（$\gamma=-0.134$，ns）。然而，管理者的环境态度会对企业的信息整合产生积极影响（$\gamma=0.557$，$p<0.01$），进而提高企业的可持续发展柔性（$\gamma=0.974$，$p<0.01$）。Sobel 检验证实，通过信息整合作为中介，环境态度对可持续发展柔性的间接影响与 0 有显著差异（$z=3.148$，$p<0.01$）。综上所述，H2得到支持。

表 10.1　对可持续发展柔性的直接影响

变量	M1	M2	M3
企业年限	−0.105	−0.107	−0.074
	−1.424	−1.586	−1.370
企业规模	0.025	0.017	−0.008
	0.345	0.246	−0.144
环境态度		0.408*	−0.001
		6.067	−0.013
信息整合			0.683*
			10.129
F	1.083	37.897	140.499
R^2	1.20%	17.80%	47.50%
ΔR^2		16.4%***	29.7%***

　　由于概念模型包含调节中介效应，我们运行了 SPSS 版本的 PROCESS 来检验调节假设。使用 PROCESS Model 8 来描述管理者的认知方式对环境态度和可持续发展柔性之间关系的影响。结果如表 10.2 所示，直觉的认知方式正向调节了环境态度对信息一体化的影响，从而支持 H3。

表 10.2　有调节的中介效应结果

模型	因变量	自变量	系数（BootSE）	p	95%BootCI
M4 R^2=33.15%	信息整合	Constant	2.477*** （0.442）	0	[1.604，3.350]
		环境态度（EA）	0.383*** （0.097）	0	[0.193，0.574]
		认知风格（CS）	−1.291** （0.547）	0.019	[−2.370，−0.212]
		EA×CS	0.288** （0.122）	0.019	[0.048，0.528]
		公司年龄	−0.000（0.000）	0.546	[−0.000，0.000]
		公司规模	0.000（0.000）	0.545	[0.000，0000]
M5 R^2=38.05%	可持续发展柔性	Constant	1.782*** （0.510）	0.001	[0.776，2.787]
		信息一体化（II）	0.766*** （0.079）	0	[0.610，0.923]
		环境态度（EA）	−0.191* （0.107）	0.076	[−0.402，0.020]
		认知风格（CS）	−1.424** （0.590）	0.019	[−2.727，−0.227]
		EA×CS	0.327** （0.141）	0.021	[0.052，0.570]
		公司年龄	−0.000（0.000）	0.242	[−0.000，0.000]
		公司规模	0.000（0.000）	0.893	[0.000，0.000]
间接路径		Contrast effect	BootSE	BootLLCI	BootULCI
EA>II>SDF		0.221	0.13	0.023	0.528

　　研究结果表明，企业的信息一体化能力作为一种信息处理能力，可以调节管理者的环境态度对企业可持续发展柔性的影响。这意味着，如果管理者非常关注自然环境，并认为他们有责任保护环境，那么作为企业的决策者，他们会转变自己的认知。作为公司的决策者，他们会将自己的认知基础和价值观转化为公司与人类活动和自然环境之间的相互作用相关的战略选择，从而提高公司获取、权衡和解释与可持续发展相关信息的能力。信息处理能力的提高将增强企业应对可持续发展不确定性的能力，即增强企业的柔性。

　　事实证明，管理者的认知方式决定了环境态度对可持续发展柔性的影响。如果管理者的认知方式更加系统化，就会倾向于识别和使用最基本的流程信息。当外部环境要求在可持续发展运营实践中做出更多改变时，就往往意识不到外部环境中正在发生的问题，这可能会影响其在业务运营中做出快速改变。与此相反，直觉型管理者往往根据感觉和直觉做出决策；他们往往更具创造力和想象力，能够从不同角度获取和分析信息。因此，直觉型管理者更有可能对外部环境的变化做出反应。

10.4 企业家注意力对可持续的影响

10.4.1 样本和数据

农业和食品工业在大多数发展中国家的国民经济中发挥着重要的作用，被认为是其他工业的基础。确保农业食品供应链的可持续性已成为从业人员和研究人员的重要事项（Govindan，2018）。考虑到农业和食品行业的可持续战略的重要性和复杂性，该研究选择了中国农业和食品行业的上市公司作为样本。我们从Wind 数据库中选取了 102 家中国农业行业上市公司作为样本，在 CSMAR 数据库中识别出样本企业每一年任职的 CEO 的信息，由于数据库中的大多数财务和CEO 个人数据是在 2012 年后获得的，因此将时间跨度定为 2012—2019 年。最终的样本包括 236 名 CEO 和 816 名 CEO 面板数据点。

因变量为可持续性导向（SO），我们使用两种类型的指标来衡量：一种来自官方数据库，另一种来自内容分析。第一种指标是公司与可持续性相关的第三方认证，即公司是否持有有效的环境管理认证体系 ISO 14001。在可持续发展文献中，环境管理认证体系 ISO 14001 是可持续供应链管理的重要指标，它代表企业通过坚持 ISO 14001 环境管理体系标准，承诺企业的可持续性发展，包括制定、实施、检查和改进环境政策（Pagell and Gobeli，2009）。认证数据从全国认证认可信息公共服务平台（http: //cx.cnca.sn）获取，如果公司 i 在 t 年持有有效的ISO 14001 认证，则因变量可持续性导向被编码为 1，否则为 0。

由于 ISO 14001 认证主要关注可持续性导向的环境方面，我们还构建了一个替代指标，利用公司是否公开披露其可持续性信息来反映公司可持续性导向的更多内容。并从 CSMAR 数据库中选取了 9 个指标，涉及公司是否披露与其可持续性相关的信息：①披露利益相关方权益保护信息；②披露债权人权益保护信息；

③披露雇员权益保护信息；④披露供应商权益保护信息；⑤披露客户权益保护信息；⑥披露环境保护和可持续发展信息；⑦披露公共关系和社会福利信息；⑧披露社会责任体系建设和改进措施信息；⑨披露安全生产信息。这 9 个指标中的每一个都是一个虚拟变量，当有证据表明公司 i 在年度 t 通过财务、环境、可持续发展、企业公民和企业社会责任报告披露了相应信息时，编码为 1；当没有披露信息时，编码为 0。通过对这 9 个虚拟变量进行求和，创建了一个计数变量（SO1），变量的值为 0～9，"0" 表示公司 i 在年度 t 没有披露任何 9 个可持续性指标的信息，"9" 表示公司 i 在年度 t 披露了所有 9 个可持续性指标的信息。这个综合变量在稳健性分析中被用作可持续性导向的替代变量。此外，我们还使用 "Wind ESG Rating" 构建了另一种可持续性导向的替代度量指标（SO2），该评级框架通过监测在环境、社会和治理三个维度超过 400 个指标的国内数据，为中国公司建立了一个独特的环境、社会和治理（ESG）评级体系（https：//www.wind.com.cn/portal/en/ESG/index.html）。

自变量是 CEO 的注意力负荷（ATTENTION），利用 CEO 投资的公司数量来衡量，如果 CEO 投资于许多公司，他们对任职公司的关注可能较低。数据来源于企查查（https：//pro.qcc.com）。在稳健性分析中，我们构建了 CEO 注意力负担的另一种替代指标（ATTENTION1），通过计算任职公司所在行业与 CEO 投资行业之间的相关性来衡量。行业间的关联程度源于中国 42 个部门投入产出表计算的直接消耗系数。CEO 任职公司与投资的每家公司之间的相关性平均值反映了 CEO 的注意力负荷，若 CEO 任职公司与投资的公司之间的相关性越强，他们的注意力负荷越低。

中介变量是供应链领导力（SCL），该指标关注公司在促进信息透明度和与供应链伙伴共享知识方面的领导力。由于选择的公司来自农业和食品行业，就选用了行业特定的认证作为公司 SCL 的指标。在农业和食品行业，危害分析及关键控制点（HACCP）认证表明公司在整个供应链，从初级生产者到最终消费者，都已实施了一套预防性系统（CAC，2003）。这需要通过信息共享来识别制造过程、分销、储存程序以及目标消费者实践中的关键控制点（CCFRA，2003）。由于一些替代认证的出现（例如 ISO 22000），HACCP 已在一些国家逐渐被淘汰。因此，如果公司 i 在 t 年持有有效的 HACCP 或 ISO 22000 认证，公司的 SCL 变量被编码为

1，否则编码为 0。在稳健性分析中，我们构建了公司 SCL 的另一种替代指标（SCL1），该指标用公司财务报告中的应收账款衡量。公司的应收账款体现了公司对客户的影响力，应收账款越少，公司的权力越大（如渠道领导力）。

调节变量是 CEO 的社会资本（SC），我们收集了 2012—2019 年 Wind 数据库中 CEO 的简历。根据简历，确定 CEO 是否满足以下任何条件：①在政府部门工作；②担任全国人民代表大会的代表；③担任政协委员。对于满足其中任一条件的 CEO，将其社会资本编码为 1，否则为 0。上述度量主要关注 CEO 社会资本的政治方面，在稳健性分析中，我们构建了一种关注 CEO 商业方面的社会资本的替代度量（SC1）。如果 CEO 曾经担任或目前担任过商会或协会的主席、副主席等重要职务，就将其社会资本编码为 1，否则为 0。

从 CSMAR 数据库中引入了一组控制变量。在 CEO 特征方面，控制了 CEO任期（tenure）、性别（gender）和教育（master，doctor）。在公司层面上，控制了公司规模（FIRM SIZE，2012—2019 年的总资产的自然对数）（Su et al.，2015；De Jong et al.，2014），流动比率（CR，由流动负债除以流动资产计算）、管理激励（MI，由高管持股比率计算）和股权集中度（EC，由前十大股东的持股比率计算）等财务指标。此外，我们将战略侵略性（SA，由六维方法测量；Higgins et al.，2014；Bentley et al.，2013）和垂直整合（VI；Ray et al.，2013）作为商业策略指标进行了控制。在行业层面上，通过时间内行业销售收入的波动来控制行业不稳定性（Yu et al.，2018；Pagell and Krause，2004）。

10.4.2　实证结果与讨论

利用面板逻辑回归模型对 2012—2019 年的数据进行分析，探究 CEO 的注意力负荷与公司的可持续性导向的关系，并检验了 SCL 的中介效应和社会资本的调节作用，实证结果见表 10.3。进一步地，利用上文构建的替代指标分别替代了因变量、自变量、中介和调节因子后，回归结果显著一致，表明研究结果是稳健的。

表 10.3　实证结果

变量	模型（1）SO	模型（2）SCL	模型（3）SO	模型（4）SCL
ATTENTION	−0.427** （0.213）	−0.290** （0.123）	−0.454 （0.383）	−1.093*** （0.250）
SCL			7.980*** （2.246）	
SC				−4.274*** （1.491）
ATTENTION× SC				1.136*** （0.298）
TENURE	−0.013 （0.021）	0.002 （0.011）	−0.023 （0.016）	0.004 （0.012）
GENDER	−6.555** （3.185）	−0.694 （2.036）	−5.421 （7.021）	−0.807 （2.090）
MASTER	−1.435 （1.864）	2.502** （1.088）	−1.220 （1.873）	0.488 （1.130）
DOCTOR	−3.809 （2.371）	−6.874** （2.833）	0.944 （3.250）	−8.351*** （2.892）
FIRM SIZE	2.654** （1.101）	0.812 （0.616）	1.303 （1.636）	1.235* （0.695）
INSTABILITY	−3.348 （18.108）	−19.443 （15.416）	5.263 （13.776）	−33.082*** （12.602）
CR	−0.125 （0.232）	−0.024 （0.153）	−0.110 （0.231）	0.181 （0.164）
MI	0.139 （0.174）	0.056 （0.064）	0.136 （0.121）	0.099 （0.077）
EC	−0.270*** （0.075）	0.055 （0.042）	−0.202*** （0.077）	0.047 （0.042）
SA	0.092*** （0.024）	0.111*** （0.019）	0.090*** （0.031）	0.118*** （0.025）
VI	8.998 （82.241）	39.574 （31.170）	−6.783 （44.243）	43.845 （33.178）
Constant	−36.232 （57.018）	24.102 （44.252）	−36.447 （45.118）	54.150 （34.448）
N	555	555	555	555

　　CEO 的注意力负荷对公司的可持续性导向有显著的负面影响，CEO 的注意力负荷越低，公司的发展导向就越具有可持续性，如表 10.3 的模型（1）所示。这一发现证实了之前的研究，即个人的社会心理因素和企业的管理因素对企业的可持续发展至关重要（Khizar et al.，2021），且强调了企业家注意力在企业可持续发展中的重要性。

　　CEO 注意力负荷对 SCL 有显著的负面影响，而 SCL 对公司的可持续性导向有显著的积极影响，如表 10.3 的模型（2）和模型（3）所示。这意味着 CEO 的注意力负荷越低，公司发展供应链领导力的可能性就越高，公司的供应链领导力越高，公司的可持续性导向就越高，SCL 在 CEO 的注意力负荷对公司可持续性导向的传导中起部分中介作用。尽管可持续性研究已经考虑了个体、组织和外部驱动因素，但在大多数研究中，这些先决条件被单独考虑，它们与可持续性的相互作用仍然不清楚。通过将领导力理论和 ABV 理论融入可持续性研究，这项研究探讨了个体和组织的驱动因素，并揭示了 CEO 注意力负荷影响公司供应链领导力，进而影响公司可持续性导向的传导机制。此外，尽管以往的研究关注了可持续领导力在公司可持续表现中的作用（Iqbal and Ahmad，2021；Burawat，2019），但主要集中在组织内的领导。通过考虑公司供应链领导力的中介作用，这项研究将文献从组织内扩展到组织间的层面。

注意力负荷和社会资本的交互作用对 SCL 有显著正向影响，如表 10.3 的模型（4）所示，社会资本将负向调节 CEO 注意力负荷与 SCL 之间的负相关关系，即 CEO 的社会资本加强了 CEO 的注意力负荷和公司 SCL 之间的相关性。当 CEO 在政府部门、商业协会或社交网络中有更多的政治关系经验时，公司更容易通过专注的 CEO 注意力获得供应链领导力，从而提高公司对可持续性管理的导向。这一发现不仅符合情境注意力原则，即决策者关注的问题和答案取决于他们所处的具体背景或情境（Wang et al.，2023），也符合上层领导理论，管理者既有的认知结构和价值观影响他们的战略选择，进而影响企业绩效。当高层管理人员在政治和商业等类型的社交网络中时，环境所带来的社会影响尤为重要。

由于本研究模型中可能存在其他影响 CEO 注意力负荷的因素从而导致内生性问题的产生，我们将通过引入工具变量来解决遗漏变量导致的内生性问题。CEO 二元性指高层管理者同时兼任 CEO 和董事长职务，如果兼任则编码为 1，否则为 0。吴建祖等（2010）基于注意力基础观理论，考察了 CEO 二元性对董事会注意力配置的影响。本研究将 CEO 二元性作为工具变量，回归结果显示 CEO 二元性对注意力负荷有积极而显著的影响，而它对公司的可持续发展导向没有显著影响，这表明它是一个适当的工具变量。在纳入工具变量后，注意力负荷对公司可持续性导向的影响仍然显著，这表明在考虑内生性后，实证结果依旧保持一致。

10.5　小结

第一项实证研究揭示了信息整合的中介作用，有助于理解管理者的特征（如环境态度）转化为公司能力（如柔性）的心理过程（即从黑箱中寻找答案）。关于高层梯队理论的文献倾向于建议管理者克服与他们的认知基础和价值观相关的偏见（Hambrick，2007），与此不同的是，本研究认为企业实际上可以从与管理者的环境态度相关的偏见中获益。为了提高企业的可持续发展柔性，同样重要的是提高管理人员的环境态度（通过培训或招聘），以及通过投资信息技术和信息共享来提高企业的信息整合程度。

为了回答在可持续发展实践中能够更好地应对不确定性的企业特征问题，本研究强调了管理者特征和企业信息整合的重要性。一方面，具有较高环境态度和更直观认知方式的管理者对可持续发展的柔性最为有利；另一方面，企业内部和企业间的信息整合对于企业发展信息处理能力和快速应对可持续发展实践的变化至关重要。

第二项实证研究也提出了重要的管理启示。首先，研究揭示了 CEO 的注意力、供应链领导力以及社会资本对公司的可持续性导向产生的影响。这表明企业应该在可持续发展战略中关注管理者的社会心理因素和组织间领导力之间的相互作用，而不是单独管理它们的后果。研究结果也为企业通过在供应链中发展组织间可持续领导力来增强可持续性导向提供了有力支持。

其次，研究结果为 CEO 及其他关键职位的选拔提供了参考。一方面，在选择 CEO 或其他重要职位的管理者时，企业可以通过调查候选人的背景、投资历史和行业经验来评估其注意力负荷。企业应选择那些注意力更为集中且具有更多社会资本的候选人，因为注意力更为集中的管理者往往更倾向于将更多注意力投入到公司的可持续发展中，提升公司的供应链领导力，从而增强公司发展的可持续性。当他们具有较高的社会资本水平时，这一积极影响更为显著。另一方面，企业也可以在人力资本管理策略中设计激励机制来管理 CEO 的注意力。例如，企业可以签订合同和制定政策来限制 CEO 和高级管理人员的投资范围。

参考文献

Aanestad M，Jensen T B，2016. Collective mindfulness in post-implementation IS adaptation processes[J]. Information and Organization，26（1-2）：13-27.

Abdallah A B，Al-Ghwayeen W S，2019. Green supply chain management and business performance：The mediating roles of environmental and operational performances[J]. Business Process Management，26（2）：489-512.

Agyabeng-Mensah Y，Baah C，Afum E，et al.，2023. Circular supply chain practices and corporate sustainability performance：do ethical supply chain leadership and environmental orientation make a difference？[J]. Journal of Manufacturing Technology Management，34（2）：213-233.

Ahi P，Searcy C，2013. A comparative literature analysis of definitions for green and sustainable supply chain management[J]. Journal of Cleaner Production，52（4）：329-341.

Ahmed W，Najmi A，Arif M，et al.，2019. Exploring firm performance by institutional pressures driven green supply chain management practices[J]. Smart and Sustainable Built Environment，8（5）：415-437.

Ajzen I，1991. The theory of planned behavior[J]. Organizational Behavior and Human Decision Processes，50：179-211.

Anderson N H，1981. Foundations of information integration theory[M]. New York：Academic Press.

Arcury T A，Christianson E H，1990. Environmental worldview in response to environmental problems：Kentucky 1984 and 1988 compared[J]. Environment and Behavior，22：387-407.

Asan I，Mile S，Ibralm J，2014. Attitudes of Macedonian high school students towards the environment[J]. Procedia-Social and Behavioral Sciences，159：636-642.

Ashill N J，Jobber D，2010. Measuring state，effect，and response uncertainty：Theoretical construct development and empirical validation[J]. Journal of Management，36（5）：1278-1308.

Autry C W，Morrow P C，Cantor D E，et al.，2013. The role of individual and organizational factors in promoting firm environmental practices[J]. International Journal of Physical Distribution & Logistics Management，43（5/6）：407-426.

Awan U，Braathen P，Hannola L，2023. When and how the implementation of green human resource management and data-driven culture to improve the firm sustainable environmental development? [J]. Sustainable Development，31（4）：2726-2740.

Azadegan A，Patel P C，Parida V，2013. Operational slack and venture survival[J]. Production and Operations Management，22（1）：1-18.

Barber B M，Lyon J D，1996. Detecting abnormal operating performance：the empirical power and specification of test statistics[J]. Journal of Financial Economics，41（3）：359-399.

Becker W，Dietz J，2004. R&D cooperation and innovation activities of firms—evidence for the German manufacturing industry[J]. Research Policy，33（2）：209-223.

Bensaou B M，Venkatraman N，1995. Configurations of inter-organizational relationships：A comparison between US and Japanese automakers[J]. Management Science，41（9）：1471-1492.

Bettman J R，1979. Memory factors in consumer choice：A review[J]. Journal of Marketing，43（2）：37-53.

Bhatia M S，Srivastava R K，2019. Antecedents of implementation success in closed-loop supply chain：an empirical investigation[J]. International Journal of Production Research，57（23）：7344-7360.

Black J S，Stern P C，Elworth J T，1985. Personal and contextual influences on household energy adaptations[J]. Journal of Applied Psychology，70：3-21.

Blackhurst J，Craighead C W，Elkins D，et al.，2005. An empirically derived agenda of critical research issues for managing supply-chain disruptions[J]. International Journal of Production Research，43（19）：4067-4081.

Blome C，Hollos D，Paulraj A，2014a. Green procurement and green supplier development：

antecedents and effects on supplier performance[J]. International Journal of Production Research，52（1）：32-49.

Blome C，Paulraj A，Kai S，2014b. Supply chain collaboration and sustainability：a profile deviation analysis[J]. International Journal of Operations & Production Management，34（5）：639-663.

Bourgeois L，1981. On the measurement of organizational slack[J]. The Academy of Management Review，6（1）：29-39.

Braunscheidel M J，Suresh N C，2009. The organizational antecedents of a firm's supply chain agility for risk mitigation and response[J]. Journal of Operations Management，27（2）：119-140.

Brown M E，Treviño L K，2006. Ethical leadership：A review and future directions[J]. The Leadership Quarterly，17（6）：595-616.

Brown M E，Treviño L K，Harrison D A，2005. Ethical leadership：A social learning perspective for construct development and testing[J]. Organizational Behavior and Human Decision Processes，97：117-134.

Brugger A，Kaiser F G，Roczen N，2011. One for all？ connectedness to nature，inclusion of nature ，environmental identity ，and implicit association with nature[J]. European Psychologist，16（4）：324-333.

Burawat P，2019. The relationships among transformational leadership，sustainable leadership，lean manufacturing and sustainability performance in Thai SMEs manufacturing industry[J]. International Journal of Quality & Reliability Management，36（6）：1014-1036.

Burki U，Ersoy P，Dahlstrom R，2018. Achieving triple bottom line performance in manufacturer-customer supply chains：Evidence from an emerging economy[J]. Journal of Cleaner Production，197：1307-1316.

Busse C，Meinlschmidt J，2017. Managing information processing needs in global supply chains：A prerequisite to sustainable supply chain management[J]. Journal of Supply Chain Management，53（1）：87-113.

Caldelli A，Parmigiani M L，2004. Management Information System：A Tool for Corporate Sustainability[J]. Journal of Business Ethics，55（2）：159-171.

Caniato F，Caridi M，Crippa L，et al.，2012. Environmental sustainability in fashion supply chains：An exploratory case based research[J]. International Journal of Production Economics，135（2）：659-670.

Cantor D E，Morrow P C，Mcelrog J C，et al.，2013. The role of individual and organizational factors in promoting firm environmental practices[J]. International Journal of Physical Distribution & Logistics Management，43（5-6）：407-426.

Carter C R，Kale R，Grimm C M，2000. Environmental purchasing and firm performance：An empirical investigation[J]. Transportation Research Part E：Logistics & Transportation Review，36（3）：219-228.

Carter C R，Rogers D S，2008. A framework of sustainable supply chain management：Moving toward new theory[J]. International Journal of Physical Distribution & Logistics Management，38（5）：360-387.

Carter C R，Washispack S，2018. Mapping the path forward for sustainable supply chain management：A review of reviews[J]. Journal of Business Logistics，39（4）：242-247.

Chakravarthy B S，1982. Adaptation：a promising metaphor for strategic management[J]. Academy of Management Review，7：35-44.

Chan H K，Yee R W Y，Dai J，et al.，2016. The moderating effect of environmental dynamism on green product innovation and performance[J]. International Journal of Production Economics，181：384-391.

Chandrashekaran M，Rotte K，Tax S S，et al.，2007. Satisfaction Strength and Customer Loyalty[J]. Journal of Marketing Research，44（1）：153-163.

Chen C M，2015. Supply Chain Strategies and Carbon Intensity：The Roles of Process Leanness，Diversification Strategy，and Outsourcing[J]. Journal of Business Ethics，143（3）：603-620.

Chen L，Jia F，Li T，et al.，2021. Supply chain leadership and firm performance：A meta-analysis[J]. International Journal of Production Economics，235：108082.

Chen Y J，Wu Y J，Wu T，2015. Moderating effect of environmental supply chain collaboration[J]. International Journal of Physical Distribution & Logistics Management，4510（9/10）：959-978.

Chen Y S，2008. The driver of green innovation and green image-green core competence[J]. Journal of business ethics，81（3）：531-543.

Chen Y S，Lai S B，Wen C T，2006. The influence of green innovation performance on corporate advantage in Taiwan[J]. Journal of business ethics，67（4）：331-339.

Chiou T Y，Chan H K，Lettice F，et al.，2011. The influence of greening the suppliers and green innovation on environmental performance and competitive advantage in Taiwan[J]. Transportation Research Part E：Logistics & Transportation Review，47（6）：822-836.

Christopher M，Mena C，Khan O，et al.，2011. Approaches to managing global sourcing risk[J]. Supply Chain Management：An International Journal，16（2）：67-81.

Christmann P，2000. Effects of Best Practices of Environmental Management on Cost Advantage：The Role of Complementary Assets[J]. Academy of Management，43（4）：663-680.

Chung L，Lo C W H，Li P H Y，2016. The interaction effects of institutional constraints on managerial intentions and sustainable performance[J]. International Journal of Production Economics，181：374-383.

Chung Y C，Tsai C H，2007. The Effect of Green Design Activities on New Product Strategies and Performance：An Empirical Study among High-Tech Companies[J]. International Journal of Management，24.

Cooper M C，Lambert D M，Pagh J D，1997. Supply Chain Management：More Than a New Name for Logistics[J]. International Journal of Logistics Management，8（1）：1-14.

Croom S，Vidal N，Spetic W，et al.，2018. Impact of social sustainability orientation and supply chain practices on operational performance[J]. International Journal of Operations & Production Management，38（12）：2344-2366.

Cui Y，Jiao H，2011. Dynamic capabilities，strategic stakeholder alliances and sustainable competitive advantage：evidence from China[J]. Corporate Governance：The International Journal of Business in Society，11（4）：386-398.

Das D，2017. Development and validation of a scale for measuring Sustainable Supply Chain Management practices and performance[J]. Journal of Cleaner Production，164：1344-1362.

Defee C C，Stank T P，Esper T，2010. Performance implications of transformational supply chain leadership and followership[J]. International Journal of Physical Distribution & Logistics Management，40（10）：763-791.

Deseminian R，Lair d N，1986. Meta-Analysis in Clinical Trials[J]. Springer New York，7：133-188.

DiMaggio P，Powell W，1983. The Iron Cage Revisited：Ins titutional Isomorphism and Collective R ationality in Organizational Fields[J]. American Sociological Review，48（2）.

Dolgui A，Ivanov D，Sokolov B，2018. Ripple Effect in the Supply Chain：An Analysis and Recent Literature[J]. International Journal of Production Research，56（1-2）：414-430.

Duerden M D，Witt P A，2010. The impact of direct and indirect experiences on the development of environmental knowledge，attitudes，and behavior[J]. Journal of Environmental Psychology，30（4）：379-392.

Dulap R E，Van Liere K D，Mertig A G，et al.，2000. Measuring endorsement of the new ecological paradigm：a revised NEP scale[J]. Journal of Social Issues，56（3）：425-442.

Dunlap R E，Van Liere K D，1978. The 'new environmental paradigm'：a proposed measuring instrument and preliminary results[J]. Journal of Environmental Education，9：10-19.

Dunlap R E，1975. The impact of political orientation on environmental attitudes and actions[J]. Environment and Behaviour，7：428-454.

Dyllick T，Hockerts K，2002. Beyond the business case for corporate sustainability[J]. Business Strategy and the Environment，11（2）：130-141.

Eagly A H，Kulesa P，1997. Attitudes，attitude structure，and resistance to change：Implications for persuasion on environmental issues//M H Bazerman，D M Messick，A E Tenbrunsel，K A Wade-Benzoni（Eds.）：Environment，ethics，and behavior：The psychology of environmental valuation and degradation. San Fransisco：New Lexington Press.

Eklund J C，Mannor M J，2021. Keep your eye on the ball or on the field？Exploring the performance implications of executive strategic attention[J]. Academy of Management Journal，64（6）：1685-1713.

Elkington J，1998. Cannibals with Forks：The triple bottom line of the 21st century business. Gabrida Lsland BC[J]. Environmental Quality Management，8（1）：37-51

Emamisaleh K，Rahmani K，2017. Sustainable supply chain in food industries：Drivers and strategic sustainability orientation[J]. Cogent Business & Management，4（1）.

Eng T Y，2005. The Influence of a Firm's Cross-Functional Orientation on Supply Chain

Performance[J]. Journal of Supply Chain Management，41（4）：4-16.

Erlich P R，Erlich A H，1991. The Population Explosion[M]. New York：Simon & Schuster.

Esfahbodi A，Zhang Y，Watson G，2016. Sustainable supply chain management in emerging economies：Trade-offs between environmental and cost performance[J]. International Journal of Production Economics，181：350-366.

Faccio M，Marchica M T，Mura R，2011. Large shareholder diversification and corporate risktaking[J]. The Review of Financial Studies，24（11）：3601-3641.

Fama E F，Fisher L，Jensen M C，et al，1969. The adjustment of stock prices to new information[J]. International Economic Review，10（1）：1-21.

Fayezi S，Stekelorum R，Baz J，et al.，2019. Paradoxes in supplier's uptake of GSCM practices：institutional drivers and buyer dependency[J]. Journal of Manufacturing Technology Management，31：479-500.

Feldman E R，2014. Legacy divestitures：Motives and implications[J]. Organization Science，25：815-832.

Feldman M S，Rafaeli A，2002. Organizational routines as sources of connections and understandings[J]. Journal of Management Studies，39（3）：309-331.

Fergen J，Jacquet J B，2016. Beauty in motion：Expectations，attitudes，and values of wind energy development in the rural U. S. [J]. Energy Research & Social Science，11：133-141.

Fishbein M，Ajzen I，1977. Belief，attitude，intention and behavior：an introduction to theory and research[J]. Contemporary Sociology，6（2）：244-245.

Flynn B B，Huo B，Zhao X，2010. The impact of supply chain integration on performance：A contingency and configuration approach[J]. Journal of Operations Management，28（1）：58-71.

Flynn B B，Koufteros X，Li G，2016. On theory in supply chain uncertainty and its implications for supply chain integration[J]. Journal of Supply Chain Management，52（3）：3-27.

Foerstl K，Meinlschmidt J，Busse C，2018. It's a match! Choosing information processing mechanisms to address sustainability-related uncertainty in sustainable supply management[J]. Journal of Purchasing and Supply Management，24（3）：204-217.

Fraj-Andrés E，Martinez-Salinas E，Matute-Vallejo J，2009. A Multidimensional Approach to the

Influence of Environmental Marketing and Orientation on the Firm's Organizational Performance[J]. Journal of Business Ethics，88（2）：263-286.

Fransson N，Garling T，1999. Environmental concern：conceptual definitions，measurement methods，and research findings[J]. Journal of Environmental Psychology，19：369-382.

Frey D，1986. Recent research on selective exposure to information[J]. Advances in experimental social psychology，19：41-80.

Fryxell G E，Lo C W H，2003. The influence of environmental knowledge and values on managerial behaviours on behalf of the environment：an empirical examination of managers in China[J]. Journal of Business Ethics，46（1）：45-69.

Galbraith J R，1977. Organization Design. Reading[M]. MA：Addison-Wesley.

Gaspar R，Antunes D，2011. Energy efficiency and appliance purchases in Europe：Consumer profiles and choice determinants[J]. Energy Policy，39（11）：7335-7346.

Gerwin D，1993. Manufacturing flexibility：a strategic perspective[J]. Management Science，39（4）：395-410.

Ghosh M，2019. Determinants of green procurement implementation and its impact on firm performance[J]. Journal of Manufacturing Technology Management，30（2）：462-482.

Gibson B J，Mentzer J T，Cook R L，2005. Supply chain management：The pursuit of a consensus definition[J]. Journal of Business Logistics，26（2）：17-25.

Gilley K M，Worrell D L，Davidson W N，et al.，2000. Corporate environmental initiatives and anticipated firm performance：the differential effects of process-driven versus product-driven greening initiatives[J]. Journal of Management，26（6）：1199-1216.

Gimenez C，Sierra V，2012. Sustainable Supply Chains：Governance Mechanisms to Greening Suppliers[J]. Journal of Business Ethics，116（1）：189-203.

Gimenez C，Sierra V，Rodon J，2012. Sustainable operations：Their impact on the triple bottom line[J]. International Journal of Production Economics，140（1）：149-159.

Glenn Richey R，Genchev S E，Daugherty P J，2005. The role of resource commitment and innovation in reverse logistics performance[J]. International Journal of Physical Distribution & Logistics Management，35（4）：233-257.

Golicic S L，Smith C D A，2013. Meta-Analysis of Environmentally Sustainable Supply Chain

Management Practices and Firm Performance[J]. Journal of Supply Chain Management，49（2）：78-95.

Golini R，Longoni A，Cagliano R，2014. Developing sustainability in global manufacturing networks：The role of site competence on sustainability performance[J]. International Journal of Production Economics，147：448-459.

Gomez J，Salazar I，Vargas P，2016. Firm boundaries，information processing capacity，and performance in manufacturing firms[J]. Journal of Management Information Systems，33（3）：809-842.

González-Benito J，González-Benito Ó，2005. Environmental proactivity and business performance：an empirical analysis[J]. Omega，2005，33（1）：1-15.

Govindan K，2018. Sustainable consumption and production in the food supply chain：A conceptual framework[J]. International Journal of Production Economics，195：419-431.

Green K W，Zelbst P J，Meacham J，et al.，2012. Green supply chain management practices：impact on performance[J]. Journal of Supply Chain Management，17（3）：290-305.

Guagnano G A，Stern P C，Dietz T，1995. Influences on attitude-behavior relationships：A natural experiment with curbside recycling[J]. Environment and Behavior，27：699-718.

Gualandris J，Kalchschmidt M，2014. Customer pressure and innovativeness：Their role in sustainable supply chain management[J]. Journal of Purchasing and Supply Management，20（2）：92-103.

Gurbin T，2015. Enlivening The Machinist Perspective：Humanising the Information Processing Theory with Social and Cultural Influences[J]. Procedia-Social and Behavioral Sciences，197：2331-2338.

Hallinger P，Suriyankietkaew S，2018. Science mapping of the knowledge base on sustainable leadership，1990-2018[J]. Sustainability，10（12）：4846.

Handfield R，Nichols E，1999. Introduction to Supply Chain Management[M]. London：Prentic Hall.

Handfield R，2007. Introduction to Supply Chain Management[J]. Crc Press，31（4）：1967-1970.

Hansla A，Gamble A，et al.，2008. The relationships between awareness of consequences，environmental concern，and value orientations[J]. Journal of Environmental Psychology，28：

1-9.

Harwood T G, Garry T, 2003. An overview of content analysis[J]. The Marketing Review, 3 (4): 479-498.

Hassini E, Surti C, Searcy C, 2012. A literature review and a case study of sustainable supply chains with a focus on metrics[J]. International Journal of Production Economics, 140 (1): 69-82.

Heberlein T A, 2012. Navigating environmental attitudes[J]. Conservation Biology, 26 (4): 583-585.

Hendricks K B, Singhal V R, 2008. The effect of product introduction delays on operating performance[J]. Manage. Sci., 54 (5): 878-892.

Hendricks K B, Singhal V R, Stratman J K, 2007. The impact of enterprise systems on corporate performance: a study of ERP, SCM, and CRM system implementations[J]. J. Oper. Manag, 25 (1): 65-82.

Heugens P P, Lander M W, 2009. Structure! Agency! (and other quarrels): A Meta-analysis of Institutional Theories of Organization[J]. Academy of Management Journal, 52 (1): 61-85.

Hines J M, Hungerford H R, Tomera A N, 1987. Analysis and synthesis of research on responsible environmental behavior: a meta-analysis[J]. Journal of Environmental Education, 18: 1-8.

Hockerts K, 2015. The social entrepreneurial antecedents scale: A validation study[J]. Social Enterprise Journal, 11 (3): 260-280.

Hollos D, Blome C, Foerstl K, 2012. Does sustainable supplier co-operation affect performance? Examining implications for the triple bottom line[J]. International Journal of Production Research, 50 (11): 1-19.

Hong J, Zhang Y, Ding M, 2018. Sustainable supply chain management practices, supply chain dynamic capabilities, and enterprise performance[J]. Journal of Cleaner Production, 172: 3508-3519.

Hosseini S, Barker K, 2016. A bayesian network model for resilience-based supplier selection[J]. International Journal of Production Economics, 180: 68-87.

Howell S E, Laska S B, 1992. The changing face of the environmental coalition: A research note[J]. Environment and Behavior, 24: 134-144.

Hsu P F，Hu J H，Wei C P，et al.，2014. Green Purchasing by MNC Subsidiaries：The Role of Local Tailoring in the Presence of Institutional Duality[J]. Decision Sciences，45（4）：647-682.

Huang G Q，Lau J S K，Mak K L，2003. The impacts of sharing production information on supply chain dynamics：A review of the literature[J]. International journal of production research，41（7）：1483-1517.

Huang J W，Li Y H，2012. Slack resources in team learning and project performance[J]. Journal of Business Research，65（3）：381-388.

Huang M C，Yen G F，Liu T C，2014. Reexamining supply chain integration and the supplier's performance relationships under uncertainty[J]. Supply Chain Management，19（1）：64-78.

Hult G T M，Ketchen D J，Arrfelt M，2007. Strategic supply chain management：Improving performance through a culture of competitiveness and knowledge development[J]. Strategic Management Journal，28（5）：50.

Huo B，Flynn B B，Zhao X，2017. Supply Chain Power Configurations and their Relationship with Performance[J]. Journal of Supply Chain Management，53（2）：88-111.

Huo B，Gu M，Wang Z，2018. Supply chain flexibility concepts，dimensions and outcomes：an organisational capability perspective[J]. International Journal of Production Research，56（17-18）：1-21.

Hurst M，H Dittmar，R Bond，et al.，2013. The relationship between materialistic values and environmental attitudes and behaviors：A meta-analysis[J]. Journal of Environmental Psychology，36：257-269.

Hynes N，Wilson J，2016. I do it，but don't tell anyone! Personal values，personal and social norms：Can social media play a role in changing pro-environmental behaviours？[J]. Technological Forecasting & Social Change，111：349-359.

International Institute for Sustainable Development（IISD），1992. Business Strategies for Sustainable Development. IISD，Winnipeg，Canada.

Iqbal Q，Ahmad N H，2021. Sustainable development：The colors of sustainable leadership in learning organization[J]. Sustainable Development，29（1）：108-119.

Ivanov D，B. Sokolov，2013. Control and System-theoretic Identifification of the Supply Chain

Dynamics Domain for Planning Analysis and Adaptation of Performance Under Uncertainty[J]. European Journal of Operational Research，224（2）：313-323.

Jackson S A，Gopalakrishna-Remani V，Mishra R，et al.，2016. Examining the impact of design for environment and the mediating effect of quality management innovation on firm performance[J]. International Journal of Production Economics，173：142-152.

Javier G B，Óscar G B，2005. Environmental Proactivity and Business Performance An Empirical Analysis[J]. Omega—International Journal of Management Science，33：1-15.

Jayaram J，Vickery S，Droge C，2008. Relationship building，lean strategy and firm performance：an exploratory study in the automotive supplier industry[J]. International Journal of Production Research，46（20）：5633-5649.

Jeffers P I，2010. Embracing sustainability[J]. International Journal of Operations & Production Management，30（3）：260-287.

John K L，Litov L，Yeung B，2008. Corporate governance and risk taking[J]. Journal of Finance，63（4）：1679-1728.

Kähkönen A-K，Lintukangas K，Hallikas J，2018. Sustainable supply management practices：Making a difference in a firm's sustainability performance[J]. Supply Chain Management：An International Journal，23（6）：518-530.

Kaiser F G，Oerke B，Bogner F X，2007. Behavior-based environmental attitude：Development of an instrument for adolescents[J]. Journal of Environmental Psychology，27（3）：242-251.

Kaltenborn B P，Andersen O，Nelemann G，2009. Amenity development in the Norwegian mountains：Effects of second home environmental attitudes on preferences for alternative development options[J]. Landscape and Urban Planning，91（4）：195-201.

Kamalahmadi，Masoud，Parast，et al.，2016. A review of the literature on the principles of enterprise and supply chain resilience：Major findings and directions for future research[J]. International Journal of Production Economics，171：116-133.

Kamble S，Gunasekaran A，Dhone N C，2019. Industry 4.0 and lean manufacturing practices for sustainable organisational performance in Indian manufacturing companies[J]. International Journal of Production Research，58（5）：1319-1337.

Kassinis G I，Soteriou A C，2003. Greening the service profit chain the impact of environmental management practices[J]. Production & Operations Management，12（3）：386-403.

Khaw K W，Camilleri M，Tiberius V，et al.，2023. Benchmarking electric power companies' sustainability and circular economy behaviors：using a hybrid PLS-SEM and MCDM approach[J]. Environment，Developement and Sustainability，doi：10.1007/s10668-023-02975-x.

Khizar H，Iqbal M，Rasheed M，2021. Business orientation and sustainable development：A systematic review of sustainability orientation literature and future research avenues[J]. Sustainable Development，29：1001-1017.

Khor K S，Udin Z M，Ramayah T，et al.，2016. Reverse logistics in Malaysia：The Contingent role of institutional pressure[J]. International Journal of Production Economics，175：96-108.

Knemeyer A M，Zinn W，Eroglu C，2009. Proactive planning for catastrophic events in supply chains[J]. J. Oper. Manag.，27（2）：141-153.

Kotler P，KeIIer K L，2001. A framework for marketing management[M]. ICY，Prentice Hall.

Kovach J J，Hora M，Manikas A，et al.，2015. Firm performance in dynamic environments：The role of operational slack and operational scope[J]. Journal of Operations Management，37（1）：1-12.

Krippendorff K，2004. Content Analysis an Introduction to its Methodology[M]. Sage，Thousand Oaks，CA.

Krishnan H，Smith R E，1998. The relative endurance of attitudes，confidence，and attitude-behavior consistency：The role of information source and delay[J]. Journal of Consumer Psychology，7（3）：273-298.

Krumwiede D W，2007. Efficacy of environmental and supplier relationship investments moderating effects of external environment[J]. International Journal of Production Research，45（9）：2005-2028.

Kudesia R S，2019. Mindfulness as metacognitive practice[J]. Academy of Management Review，44（2）：405-423.

Lai R，Hansen D，Uphoff N，et al.，2003. Food security and environmental quality in the developing world[J]. Journal of Environmental Quality，33（3）：1160.

Lai K H，Wu S J，Wong C W Y，2013. Did reverse logistics practices hit the triple bottom line of

Chinese manufacturers？[J]. International Journal of Production Economics，146（1）：106-117.

Lam H K. S，2018. Doing good across organizational boundaries[J]. International Journal of Operations & Production Management，38（12）：2389-2412.

Lambert D M，Cooper M C，Pagh J D，1998. Supply Chain Management：Implementation Issues and Research Opportunities[J]. International Journal of Logistics Management，9（2）：1-20.

Large R O，Thomsen C G，2011. Drivers of green supply management performance：Evidence from Germany[J]. Journal of Purchasing and Supply Management，17（3）：176-184.

Larson P D，Rogers D S，1998. Supply Chain Management：Definition，Growth and Approaches[J]. Journal of Marketing Theory & Practice，6（4）：1-5.

Lavie N，Tsal Y，1994. Perceptual load as a major determinant of the locus of selection in visual attention[J]. Perception & Psychophysics，56（2）：183-197.

Lavie N，Ro T，Russell C，2003. The role of perceptual load in processing distractor faces[J]. Psychological Science，14（5）：510-515.

Lee S，Paik H S，2011. Korean household waste management and recycling behavior[J]. Building and Environment，46（5）：1159-1166.

Line N D，Hanks L，Zhang L，2016. Sustainability communication：The effect of message construals on consumers' attitudes towards green restaurants[J]. International Journal of Hospitality Management，57：143-51.

Liu H，Ke W，Wei K K，et al.，2013. Effects of supply chain integration and market orientation on firm performance[J]. International Journal of Operations & Production Management，33（3）：322-346.

Lockström M，Schadel J，Moser R，et al.，2010. Successful supplier integration in the Chinese automotive industry：A theoretical framework[J]. International Journal of Integrated Supply Management，5（3）：260-283.

López-Gamero M D，Molina-Azorín J F，Claver-Cortés E，2010. The potential of environmental regulation to change managerial perception，environmental management，competitiveness and financial performance[J]. Journal of Cleaner Production，18（10）：963-974.

Lópezmosquera N，Sánchez M，2012. Theory of Planned Behavior and the Value-Belief-Norm

Theory explaining willingness to pay for a suburban park[J]. Journal of Environmental Management，113（1）：251-262.

Lucas M T，Noordewier T G，2016. Environmental management practices and firm financial performance：The moderating effect of industry pollution-related factors[J]. International Journal of Production Economics，175：24-34.

Lummus R R，Krumwiede D W，Vokurka R J，2001. The relationship of logistics to supply chain management：developing a common industry definition[J]. Industrial Management & Data Systems，101（8）：426-432.

Luo B N，Yu K K，2016. Fits and misfits of supply chain flexibility to environmental and operational performance：An archival search and content analysis[J]. The International Journal of Logistics Management，29（1）：340-364.

Luzzini D，Brandon-Jones E，Brandon-Jones A，et al.，2015. From sustainability commitment to performance：The role of intra-and inter-firm collaborative capabilities in the upstream supply chain[J]. International Journal of Production Economics，165：51-63.

MacMillan Uribe A L，Winham D M，Wharton C M，2012. Community supported agriculture membership in Arizona. An exploratory study of food and sustainability behaviours[J]. Appetite，59（2）：431-436.

Manoli C C，B Johnson，A C Hadjichambis，et al.，2014. Evaluating the impact of the Earthkeepers Earth education program on children's ecological understandings，values and attitudes，and behaviour in Cyprus[J]. Studies in Educational Evaluation，41：29-37.

Manzini R，Accorsi R，Ayyad Z，et al.，2014. Sustainability and quality in the food supply chain：A case study of shipment of edible oils[J]. British Food Journal，116（12）：2069-2090.

March J G，Shapira Z，1987. Managerial perspectives on risk and risk taking[J]. Management Science，33（11）：1404-1418.

Marrewijk M V，2003. Concepts and Definitions of CSR and Corporate Sustainability：Between Agency and Communion[J]. Journal of Business Ethics，44（2）：95-105.

Marucheck A，Greis N，Mena C，et al.，2011. Product safety and security in the global supply chain：issues，challenges and research opportunities[J]. Journal of Operations Management，29（7-8）：707-720.

Matthew K G，Dan L W，Wallace N，et al.，2000. Corporate Environmental Initiatives and Anticipated Firm Performance：The Differential Effects of Process-Driven Versus Product-Driven Greening Initiatives[J]. Journal of Management，26（6）：1199-1216.

McCann J，Sweet M，2014. The perceptions of ethical and sustainable leadership[J]. Journal of Business Ethics，121：373-383.

McWilliams A，Siegel D，1997. Event studies in management research：Theoretical and empirical issues[J]. Academy of management Journal，40（3）：626-657.

Mentzer J T，Dewitt W，Keebler J S，et al.，2001. Defining supply chain management[J]. Journal of Business Logistics，22（2）：1-25.

Miemczyk J，Luzzini D，2019. Achieving triple bottom line sustainability in supply chains：The role of environmental，social and risk assessment practices[J]. International Journal of Operations & Production Management，39（2）：238-259.

Milfont L，Duckitt J，2004. The structure of environmental attitudes：A first-and second-order confirmatory factor analysis[J]. Journal of Environmental Psychology，24（3）：289-303.

Milfont T L，Sibley C G，2016. Empathic and social dominance orientations help explain gender differences in environmentalism：A one-year Bayesian mediation analysis[J]. Personality and Individual Differences，90：85-88.

Milfont T L，Gouveia V V，2006. Time perspective and values：An exploratory study of their relations to environmental attitudes[J]. Journal of Environmental Psychology，26：72-82.

Milliken F J，1987. Three types of perceived uncertainty about the environment：state，effect，and response uncertainty[J]. Academy of Management Review，12（1）：133-143.

Milosevic I，Bass A E，Combs G M，2018. The paradox of knowledge creation in a high-reliability organization：A case study[J]. Journal of Management，44（3）：1174-1201.

Montgomery G H，Hunter J E，Schmidt F L，1990. Methods of Meta-Analysis：Correcting Error and Bias in Research Findings[M]. Newbury Park，CA：Sage.

Moon K K L，Yi C Y，Ngai E W T，2012. An instrument for measuring supply chain flflexibility for the textile and clothing companies[J]. European Journal of Operational Research，222（2）：191-203.

Nadkarni S，Barr P S，2008. Environmental context，managerial cognition，and strategic action：

an integrated view[J]. Strategic Management Journal，29：1395-1427.

Ndubisi N O，2012. Mindfulness，reliability，pre-emptive conflict handling，customer orientation and outcomes in Malaysia's healthcare sector[J]. Journal of Business Research，65（4）：537-546.

Ndubisi N O，2014. Consumer mindfulness and marketing implications[J]. Psychology & Marketing，31（4）：237-250.

Ndubisi N O，Al-Shuridah O，2019. Organizational mindfulness，mindful organizing，and construct development and empirical validation[J]. Journal of Management，36（5）：1278-1308.

Ndubisi N O，Nygaard A，Capel C，2019. Mindfulness-based business strategies and the environment[J]. Business Strategy and the Environment，28（3）：433-435.

Neitzert F，Petras M，2022. Corporate social responsibility and bank risk[J]. Journal of Business Economics，92：397-428.

Newell A，Shaw J C，Simon H A，1958. Elements of a theory of human problem solving[J]. Psychological Review，65（3）：151.

Ni W，H Sun，2018. A contingent perspective on the synergistic effect of governance mechanisms on sustainable supply chain[J]. Supply Chain Management：An International Journal，23（3）：153-170.

Nohari K，Gulati S，1996. Is slack good or bad for innovation[J]. The Academy of Management Journal，39：799-825.

Norman D A，1968. Toward a theory of memory and attention[J]. Psychological Review，75（6）：522.

Norman D A，Bobrow D G，1976. On the analysis of performance operating characteristics[J]. Psychological Review，83（6）：508.

Northouse P G，1997. Leadership：Theory and practice[M]. Sage Publications，Inc.

Ocasio W，Laamanen T，Vaara E，2018. Communication and attention dynamics：An attention-based view of strategic change[J]. Strategic Management Journal，39（1）：155-167.

Ocasio W，1997. Towards an attention-based view of the firm[J]. Strategic Management Journal，18（1）：187-206.

Olorunniwo F O，X Li，2010. Information sharing and collaboration practices in reverse logistics[J]. Supply Chain Management：An International Journal，15（6）：454-462.

Overstreet R E，Hanna J B，Byrd T A，et al.，2013. Leadership style and organizational innovativeness drive motor carriers toward sustained performance[J]. International Journal of Logistics Management，24（2）：247-270.

Pagell M，Gobeli D，2009. How plant managers' experiences and attitudes toward sustainability relate to operational performance[J]. Production & Operations Management，18（3）：278-299.

Pagell M，Krumwiede D W，Sheu C，2007. Efficacy of environmental and supplier relationship investments—moderating effects of external environment[J]. International Journal of Production Research，45（9）：2005-2028.

Pakdeechoho N，Sukhotu V，2018. Sustainable supply chain collaboration：incentives in emerging economies[J]. Journal of Manufacturing Technology Management，29（2）.

Park C W，1976. The effect of individual and situation-related factors on consumer selection of judgmental models[J]. Journal of Marketing Research，13（2）：144-151.

Paulraj A，2011. Understanding the relationships between internal resources and capabilities，sustainable supply management and organizational sustainability[J]. Journal of Supply Chain Management，47（1）：19-37.

Peck H，2006. Reconciling supply chain vulnerability，risk and supply chain management[J]. International Journal of Logistics Management，9（2）：127-142.

Peng Y S，Lin S S，2008. Local responsiveness pressure，subsidiary resources，green management adoption and subsidiary's performance：Evidence from Taiwanese manufactures[J]. Journal of Business Ethics，79（1）：199-212.

Peterlin J，Pearse N J，Dimovski V，2015. Strategic decision making for organizational sustainability：The implications of servant leadership and sustainable leadership approaches[J]. Economic & Business Review，17（3）：273-290.

Pettit T J，Croxton K L，Fiksel J，2013. Ensuring supply chain resilience：Developmentand implementation of an assessment tool[J]. Journal of Business Logistics，34（1）：46-76.

Pfeffer J，Salancik G R，1978. The External Control of Organizations：A Resource Dependence Perspective[M]. New York：Harper & Row.

Phatak S，Sople V，2018. Drivers and barriers of sustainable supply chain: A literature review on Indian perspective[J]. International Journal of Business Insights and Transformation，12（1）：17-25.

Poppenborg P，Koellner T，2013. Do attitudes toward ecosystem services determine agricultural land use practices? An analysis of farmers' decision-making in a South Korean watershed[J]. Land Use Policy，31：422-429.

Prakash S，Soni G，Rathore A P S，et al.，2017. Risk analysis and mitigation for perishable food supply chain: a case of dairy industry[J]. Benchmarking: An International Journal，24（1）：2-23.

Premkumar G，Ramamurthy K，Saunders C S，2005. Information processing view of uncertainty: Two types of asymmetric effects on performance[J]. International Journal of Logistics Management，27（3）：862-885.

Prieto I M，Easterby-Smith M，2006. Dynamic capabilities and the role of organizational knowledge: an exploration[J]. European Journal of Information Systems，15（5）：500-510.

Pujawan I N，2004. Assessing supply chain flflexibility: A conceptual framework and case study[J]. International Journal of Integrated Supply Management，1（1）：79-97.

Pullman M E，Maloni M J，Carter C R，2009. Food for thought: Social versus environmental sustainability practices and performance outcomes[J]. Journal of Supply Chain Management，45（4）：38-54.

Pullman M E，Maloni M J，Dillard J，2010. Sustainability practices in food supply chains: How is wine different? [J]. Journal of Wine Research，21（1）：35-56.

Rahman S，Laosirihongthong T，Sohal A S，2010. Impact of lean strategy on operational performance : A study of Thai manufacturing companies[J]. Journal of Manufacturing Technology Management，21（7）：839-852.

Ramanathan R，2015. An empirical examination of stakeholder pressures，green operations practices and environmental performance[J]. International Journal of Production Research，53（21）：6390-6407.

Rao P，Holt D，2005. Do green supply chains lead to competitiveness and economic performance? [J]. International Journal of Operations & Production Management，25（9）：898-916.

Rice J B, Caniato F, Fleck J, et al., 2003. Supply Chain Response to Terrorism: Creating Resilient and Secure Supply Chains, MIT Center for Transportation and Logistics, Massachusetts.

Rijpkema W A, Rossi R, van der Vorst J G A J, 2014. Effective sourcing strategies for perishable product supply chains[J]. International Journal of Physical Distribution and Logistics Management, 44 (6): 494-510.

Ragers R R, Miller A, Judge W Q, 1999. Using information-processing theory to understand planning/performance relationships in the context of strategy[J]. Strategic Management Journal, (6): 20.

Roh J A, Whipple J M, Boyer K K, 2013. The Effect of Single Rater Bias in Multi-Stakeholder Research: A Methodological Evaluation of Buyer-Supplier Relationships[J]. Production & Operations Management, 22 (3): 711-725.

Rojo A, Llorens-Montes J, Perez-Arostegui M N, 2016. The impact of ambidexterity on supply chain flexibility fit[J]. Supply Chain Management: An International Journal, 21 (4): 433-452.

Roth A V, Tsay A A, Pullman M E, et al., 2008. Unraveling the food supply chain: strategic insights from China and the 2007 recalls[J]. The Journal of Supply Chain Management, 44 (1): 22-39.

Saeed M A, Kersten W, 2019. Drivers of sustainable supply chain management: Identification and classification[J]. Sustainability, 11 (4): 1137.

Sanbonmatsu D M, Posavac S S, Kardes F R, et al., 1998. Selective hypothesis testing[J]. Psychonomic Bulletin & Review, 5 (2): 197-220.

Savitz A W, Weber K, 2006. The Triple Bottom Line[M]. Jossey-Bass, San Francisco, CA.

Scholten K, Stevenson M, Donk D, 2020. Dealing with the unpredictable: supply chain resilience[J]. International Journal of Operations and Production Management, 40 (1): 1-10.

Schwartz S H, Howard J A, 1981. A normative decision-making model of altruism. J P Rushton, R M Sorrentino (Eds.): Altruism and helping behavior. Social, personality, and developmental perspectives[M]. New Jersey: Lawrence Erlbaum Associates.

Schwartz S H, 1977. Normative influence on altruism. In L. Berkowitz (Ed.): Advances in experimental social psychology[M]. New York：Academic Press.

Schwartz S H，1994. Are there universal aspects in the structure and contents of human values？[J]. Journal of Social Issues，50：19-45.

Scott W R，2008. Institutions and organizations：Ideas and interests[M]. Sage.

Sellitto M A，F F Hermann，2019. Influence of Green Practices on Organizational Competitiveness：A Study of the Electrical and Electronics Industry[J]. Engineering Management Journal，31（2）：98-112.

Seuring S，Müller M，2008. From a literature review to a conceptual framework for sustainable supply chain management[J]. Journal of Cleaner Production，16（15）：1699-1710.

Sheffi Y，2007. The Resilient Enterprise：Overcoming Vulnerability for Competitive Advantage[M]. The MIT Press，Cambridge，MA.

Shrader C B，Blackburn V，Iles P，1997. Journal of Managerial Issues Women In Management And Firm Financial Performance：An Exploratory Study[J]. Strategic Management Journal，28：1035-1052.

Silver E A，2004. Process management instead of operations management[J]. Manufacturing and Service Operations Management，6（4）：273-279.

Simpson D，2012. Institutional pressure and waste reduction：The role of investments in waste reduction resources[J]. International Journal of Production Economics，139（1）：330-339.

Sirmon D G，Hitt M A，Ireland R D，2007. Managing firm resources in dynamic environments to create value：looking inside the black box[J]. Academy of Management Review，32（1）：273-292.

Skinner L R，Bryant P T，Richey R G，2008. Examining the impact of reverse logistics disposition strategies[J]. International Journal of Physical Distribution & Logistics Management，38（7）：518-539.

Slawinski N，Bansal P，2011. Managing the time paradox in business sustainability[J]. Academy of Management Annual Meeting Proceedings，（1）：1-6.

Sloan E，2007. New shades of green[J]. Food Technol，61（12）：16.

Sorescu A，Warren N L，Ertekin L，2017. Event study methodology in the marketing literature：An overview[J]. Journal of the Academy of Marketing Science，45：186-207.

Sroufe R, 2009. Effects of Environmental Management Systems on Environmental Management Practices and Operations[J]. Production and Operations Management, 12 (3): 416-431.

Steg L, de Groot J, 2010. Explaining prosocial intentions: Testing causal relationships in the norm activation model[J]. British Journal of Social Psychology, 49 (4): 725-43.

Stern P C, Oskamp S, 1986. Managing scarce environmental resources//Stokols D, Altman I, eds. Handbook of Environmental Psychology[M]. New York: Wiley.

Stern P C, 2000. Toward a coherent theory of environmentally significant behavior[J]. Journal of Social Issues, 56 (3): 407-424.

Stern P C, Dietz T, 1994. The value basis of environmental concern[J]. Journal of Social Issues, 50 (3): 65.

Stern P C, Dietz T, 1999. A value-belief-norm theory of support for social movements: The case of environmentalism[J]. Human Ecology Review, 6 (2): 81-98.

Stern P C, Dietz T and Kalof L, 1993. Value orientations, gender, and environmental concern[J]. Environment and Behavior, 25: 322-348.

Sternberg R J, 2000. Images of mindfulness[J]. Journal of Social Issues, 56 (1): 11-26.

Steurer R, Langer M E, Konrad A, et al., 2005. Corporations, Stakeholders and Sustainable Development I: A Theoretical Exploration of Business-Society Relations[J]. Journal of Business Ethics, 61 (3): 263-281.

Stock J R, Boyer S L, 2009. Developing a consensus definition of supply chain management: A qualitative study[J]. International Journal of Physical Distribution & Logistics Management, 39 (8): 690-711.

Swamidass P M, Newell W T, 1987. Manufacturing strategy, environmental uncertainty and performance: a path analytic model[J]. Manag. Sci., 33 (4): 509-524.

Swinka M, Nairb A, 2007. Capturing the competitive advantages of AMT: Design-manufacturing integration as a complementary asset[J]. Journal of Operations Management, 25 (3): 736-754.

Tachizawa E M, Gimenez C, Sierra V, 2015. Green supply chain management approaches: Drivers and performance implications[J]. International Journal of Operations & Production Management, 35 (11): 1546-1566.

Tachizawa E M, Thomsen C G, 2007. Drivers and sources of supply flexibility: An exploratory study[J]. Int. J. Oper. Prod. Manag.，27（10）：1115-1136.

Tamayo-Torres I，et al.，2018. Boosting sustainability and financial performance：the role of supply chain controversies[J]. International Journal of Production Research，57（11）：3719-3734.

Tang C S，2006. Robust strategies for mitigating supply chain disruptions[J]. International Journal of Logistics Research and Applications，9（1）：33-45.

Tarrant M A，Cordell H K，1997. The effect of respondent characteristics on general environmental attitude-behavior correspondence[J]. Environment and Behavior，29（5）：618-638.

Tay M Y，Abd Rahman A，Aziz Y A，et al.，2015. A review on drivers and barriers towards sustainable supply chain practices[J]. International Journal of Social Science and Humanity，5（10）：892.

Thoegersen J，Olander F，2006. To What Degree are Environmentally Beneficial Choices Reflective of a General Conservation Stance？[J]. Environment & Behavior，38（4）：550-569.

Thoumy M，Vachon S，2012. Environmental projects and financial performance：Exploring the impact of project characteristics[J]. International Journal of Production Economics，140（1）：28-34.

Tipu S A A，Fantazy K，2018. Exploring the relationships of strategic entrepreneurship and social capital to sustainable supply chain management and organizational performance[J]. International Journal of Productivity and Performance Management，67（9）：2046-2070.

Trienekens J，Zuurbier P，2008. Quality and safety standards in the food industry，developments and challenges[J]. International Journal of Production Economics，113（1）：107-122.

Turkyilmaz C A，Uslu A，Durmus B，2015. Antecedents and Outcomes of Consumers' Inward and Outward Environmental Attitudes：Evidence from Turkey[J]. Procedia-Social and Behavioral Sciences，175：90-97.

Tushman M L，Nadler D A，1978. Information processing as an integrating concept in organizational design[J]. Academy of Management Review，3（3）：613-624.

Upton D M，1994. The management of manufacturing flexibility[J]. California Management Review，36（2）：72-89.

Vachon S，Klassen R D，2006. Green project partnership in the supply chain：The case of the package printing industry[J]. Journal of Cleaner Production，14（6-7）：661-671.

Vachon S，Klassen R D，2006. Extending green practices across the supply chain：The impact of upstream and downstream integration[J]. International Journal of Operations & Production Management，26（7）：795-821.

Vachon S，Klassen R D，2008. Environmental management and manufacturing performance：The role of collaboration in the supply chain[J]. International Journal of Production Economics，111（2）：299-315.

Van Liere K D，Dunlap R E，1980. The social bases of environmental concern：A review of hypotheses，explanations and empirical evidence[J]. Public Opinion Quarterly，44：181-197.

Vanpoucke E，Vereecke A，Wetzels M，2014. Developing supplier integration capabilities for sustainable competitive advantage：A dynamic capabilities approach[J]. Journal of Operations Management，32（7-8）：446-461.

Vickery S K，Calantone R，Dröge C，1999. Supply chain flexibility：an empirical study[J]. J. Supply Chain Manag，35（3）：16-24.

Wagner S M，Bode C，2006. An empirical investigation into supply chain vulnerability[J]. Journal of Purchasing and Supply Management，12（6）：301-312.

Walker H，Klassen R D，Sarkis J，et al.，2014. Sustainable operations management：Recent trends and future directions[J]. International Journal of Operations & Production Management，34（5）：https：//doi. org/10. 1108/IJOPM-12-2013-0557.

Walters D，Lancaster G，2000. Implementing value strategy through the value chain[J]. Management Decision，38（3）：160-178.

Wang J，Feng T，2023. Supply chain ethical leadership and green supply chain integration：a moderated mediation analysis[J]. International Journal of Logistics Research and Applications，26（9）：1145-1171.

Wang J，Dai J，2018. Sustainable supply chain management practices and performance[J]. Industrial Management & Data Systems，118（1）：2-21.

Wang X，Li Y，Tian L，et al.，2023. Government digital initiatives and firm digital innovation：Evidence from China[J]. Technovation，119：102545.

Ward P T，Duray R，2000. Manufacturing strategy in context：environment，competitive strategy and manufacturing strategy[J]. Journal of Operations Management，18（2）：123-138.

WCED（World Commission on Environment and Development），1987. Our Common Future[M]. Oxford University Press，Oxford，UK.

Wei S，Ke W，Liu H，et al.，2019. Supply Chain Information Integration and Firm Performance：Are Explorative and Exploitative IT Capabilities Complementary or Substitutive？[J] Decision Sciences，DOI：10.1111/deci.12364.

Wei S，Ke W，Lado A A，et al.，2019. The Effects of Justice and Top Management Beliefs and Participation：An Exploratory Study in the Context of Digital Supply Chain Management[J]. Journal of Business Ethics，DOI：10.1007/s 10551-018-04100-9.

Weick K E，Sutcliffe K M，Obstfeld D，1999. Organizing for high reliability：Processes of collective mindfulness//Staw B，Sutton R（eds.）：Research in Organizational Behavior，Vol. 21. JAI，Greenwich，CT，81-123.

Whipple J M，Glenn Richey R，Voss M D，et al.，2009. Supply chain security practices in the food industry[J]. International Journal of Physical Distribution and Logistics Management，39（7）：574-594.

Whiteman G，Cooper W H，2000. Ecological embeddedness[J]. Academy of Management Journal，43（6）：1265-1282.

Wiengarten F，Fan D，Lo C K，et al.，2017. The differing impacts of operational and financial slack on occupational safety in varying market conditions[J]. Journal of Operations Management，52：30-45.

Wiengarten F，Longoni A，2015. A nuanced view on supply chain integration：a coordinative and collaborative approach to operational and sustainability performance improvement[J]. Supply Chain Management，20（2）：139-150.

Winston A，2014. Resilience in a hotter world[J]. Harv. Bus. Rev.，92（4）：56-64.

Wolf J，2013. The Relationship Between Sustainable Supply Chain Management，Stakeholder Pressure and Corporate Sustainability Performance[J]. Journal of Business Ethics，119（3）：317-328.

Wolfe R A，Gephart R P，Johnson T E，1993. Computer-facilitated qualita five data analysis：Potential contributions to management research[J]. Journal of Management，19：637-660.

Wong C W Y，Lai K H，Shang K C，et al.，2012. Green operations and the moderating role of environmental management capability of suppliers on manufacturing firm performance[J]. International Journal of Production Economics，140（1）：283-294.

Wong C Y，Boon-Itt S，Wong C W Y，2011. The contingency effects of environmental uncertainty on the relationship between supply chain integration and operational performance[J]. Journal of Operations Management，29（6）：604-615.

Wood L C，Wang J X，Olesen K，et al.，2017. The effect of slack，diversification，and time to recall on stock market reaction to toy recalls[J]. International Journal of Production Economics，193：244-258.

Wright P，1975. Consumer choice strategies：Simplifying vs. optimizing[J]. Journal of marketing research，12（1）：60-67.

Wu S J，Melnyk S A，Calantone R J，2008. Assessing the Core Resources in the Environmental Management System From the Resource Perspective and the Contingency Perspective[J]. IEEE Transactions on Engineering Management，55（2）：304-315.

Wu T，Wu Y C. J，Chen Y J，et al.，2014. Aligning supply chain strategy with corporate environmental strategy：A contingency approach[J]. International Journal of Production Economics，147（1）：220-229.

Yang C L，Lin S P，Chan Y H，et al.，2010. Mediated effect of environmental management on manufacturing competitiveness：An empirical study[J]. International Journal of Production Economics，123（1）：210-220.

Yang M G，Hong P，Modi S B，2011. Impact of lean manufacturing and environmental management on business performance：An empirical study of manufacturing firms[J]. International Journal of Production Economics，129（2）：251-261.

Yildiz Çankaya S，B Sezen，2019. Effects of green supply chain management practices on sustainability performance[J]. Journal of Manufacturing Technology Management，30（1）：98-121.

Yoon Y，Sarial-Abi G，Gürhan-Canli Z，2011. Effect of regulatory focus on selective information processing[J]. Journal of Consumer Research，39（1）：93-110.

Yu K，Hou S，Zhang L，et al.，2024. CEO attention and sustainable development：An analysis of its influence on firm's sustainability orientation[J]. Sustainable Development. January，doi：10. 1002/sd. 2890.

Yu K，Cadeaux J，Luo N，2015. Operational flexibility：Review，meta-analysis and contingency model[J]. International Journal of Production Economics，169：190-202.

Yu K，Cadeaux J，Luo N，et al.，2018a. The role of the consistency between objective and perceived environmental uncertainty in supply chain risk management[J]. Industrial Management and Data Systems，118（7）：1365-1387.

Yu K，Luo B N，Feng X，et al.，2018b. Supply chain information integration，flexibility，and operational performance[J]. The International Journal of Logistics Management，29（1）：340-364.

Yu W，Ramanathan R，2014. An empirical examination of stakeholder pressures，green operations practices and environmental performance[J]. International Journal of Production Research，53（21）：6390-6407.

Yu W，Chavez R，Feng M，et al.，2014. Integrated green supply chain management and operational performance[J]. Supply Chain Management，19（5/6）：683-696.

Yu W，Jacobs M A，Salisbury W D，et al.，2013. The effects of supply chain integration on customer satisfaction and financial performance：An organizational learning perspective[J]. International Journal of Production Economics，146（1）：346-358.

Zeng S，Xu X，Yin H，et al.，2012. Factors that Drive Chinese Listed Companies in Voluntary Disclosure of Environmental Information[J]. Journal of Business Ethics，109（3）.

Zeng S X，Meng X H，Yin H T，et al.，2010. Impact of cleaner production on business performance[J]. Journal of Cleaner Production，18（10）：975-983.

Zhang J，Marquis C，Qiao K，2016. Do Political Connections Buffer Firms from or Bind Firms to the Government？A Study of Corporate Charitable Donations of Chinese Firms[J]. Organization Science，27（5）：1307-1324.

Zhao X，Huo B，Flynn B B，et al.，2008. The impact of power and relationship commitment on the integration between manufacturers and customers in a supply chain[J]. Journal of Operations Management，26（3）：368-388.

Zhao Y，Wang X，2020. Organisational unlearning，relearning and strategic flexibility：From the perspective of updating routines and knowledge[J]. Technology Analysis and Strategic Management，32（2）：1-13.

Zheng Q，Luo Y，Wang S L，2014. Moral Degradation，Business Ethics，and Corporate Social Responsibility in a Transitional Economy[J]. Journal of Business Ethics，120（3）：405-421.

Zhong R，Xu X，Wang L，2017. Food supply chain management：systems，implementations，and future research[J]. Industrial Management and Data Systems，117（9）：2085-2114.

Zhu Q，Sarkis J，2004. Relationships between operational practices and performance among early adopters of green supply chain management practices in Chinese manufacturing enterprises[J]. Journal of Operations Management，22（3）：265-289.

Zhu Q，Sarkis J，2007. The moderating effects of institutional pressures on emergent green supply chain practices and performance[J]. International Journal of Production Research，45（18-19）：4333-4355.

Zhu Q，Sarkis J，Lai K，2012. Examining the effects of green supply chain management practices and their mediations on performance improvements[J]. International Journal of Production Research，50（5）：1377-1394.

Zhu Q，Sarkis J，Lai K H，2007. Green supply chain management：pressures，practices and performance within the Chinese automobile industry[J]. Journal of Cleaner Production，15（11-12）：1041-1052.

Zimon D，Tyan J，Sroufe R，2019. Implementing sustainable supply chain management：Reactive，cooperative，and dynamic models[J]. Sustainability，11（24）：7227.

Zimon D，Tyan J，Sroufe R，2020. Drivers of Sustainable Supply Chain Management：Practices to Alignment with Un Sustainable Development Goals[J]. International Journal for Quality Research，14（1）：219-236.

成琼文，余升然，2018. 电解铝行业产能过剩的促进力与抑制力——基于土地要素和环境规制视角[J]. 中南大学学报（社会科学版），24（4）：107-116.

戴君，贾琪，谢琍，王晶，2015. 基于结构方程模型的可持续供应链绩效评价研究[J]. 生态经济，31（4）：86-89.

仇立，2016. 天津市居民绿色食品消费行为影响因素研究[J]. 生态经济，（8）：111-115.

韩国高，2018. 环境规制、技术创新与产能利用率——兼论"环保硬约束"如何有效治理产能过剩[J]. 当代经济科学，40（1）：84-93，127.

黄晓兰，沈浩，2002. 离散选择模型在市场研究中的应用[J]. 北京广播学院学报（自然科学版），（4）：34-42

李娜，2016. 绿色认证标志、产品属性信息对绿色购买意愿的影响研究[D]. 青岛：青岛理工大学.

李晓翔，刘春林，2013. 困难情境下组织冗余作用研究：兼谈市场搜索强度的调节作用[J]. 南开管理评论，16（3）：140-148，160.

刘家国，施高伟，卢斌，等，2012. 供应链韧性三因素模型研究[J]. 中国管理科学，20（S2）：528-535.

刘建勇，李晓芳，2018. 环境规制、技术创新与产能过剩[J]. 南京审计大学学报，15（5）：12-20.

吕文栋，田丹，赵杨. 2015. 弹性企业风险管理体系建构的探讨——基于供应链弹性等领域的文献回顾与拓展[J]. 科学决策，（3）：1-27.

舒方，2015. 基于层级离散选择实验的新产品最优定位与定价[D]. 镇江：江苏科技大学.

宋岩，腾萍萍，秦昌才，2017. 企业社会责任与盈余管理：基于中国沪深股市 A 股制造业上市公司的实证研究[J]. 中国管理科学，25（5）：187-196.

谭慧，2014. 消费者购买新能源汽车偏好及影响因素研究[D]. 镇江：江苏科技大学.

王宇奇，高岩，滕春贤，2017. 扰动下的供应链韧性研究回顾与拓展[J]. 管理评论，29（12）：204-216.

魏谨，佐斌，2013. 态度确定性：知行一致的强度指标[J]. 心理研究，6（5）：51-56.

吴建祖，曾宪聚，2010. 组织绩效和 CEO 二元性对董事会成员监督注意力的影响——Strategic Management Journal Vol. 31，Issue 9 2010 述评[J]. 管理学家（学术版），（7）：78-80.

吴建祖，王欣然，曾宪聚，2009. 国外注意力基础观研究现状探析与未来展望[J]. 外国经济与管理，31（6）：58-65.

武春友，孙岩，2006. 环境态度与环境行为及其关系研究的进展[J]. 预测，25（4）：61-65.

肖序，曾辉祥，2017. 可持续供应链管理与循环经济能力：基于制度压力视角[J]. 系统工程理论与实践，（7）：1793-1804.

许建，田宇，2014. 基于可持续供应链管理的企业社会责任风险评价[J]. 中国管理科学，22（专辑）：396-403.

朱庆华，2017. 可持续供应链协同管理与创新研究[J]. 管理学报，14（5）：775-779.

占华，后梦婷，2021. 环境信息披露如何影响企业创新——基于双重差分的检验[J]. 当代经济科学，43（4）：53-64.

于飞，2014. 制度环境、企业社会责任行为与利益相关者关系质量研究[D]. 武汉：武汉大学.

张海彤，2015. 网络购买环境中多线索对消费者购买意愿的影响研究[D]. 杭州：浙江大学.

赵卫宏，孙茹，2018. 驱动企业参与区域品牌化——资源与制度视角[J]. 管理评论，30（12）：154-163.

附　录

附录 A

表 A-1　经济绩效维度的文献汇总

SSCM	作者	期刊	年份	样本量	效应量
		运营绩效			
	Wiengarten and Longoni	Supply Chain Management：An International Journal	2015	90	0.106 1、−0.017 7、0.261 7、0.079 4、0.212 8、0.118 6
	Hollos et al.	International Journal of Production Research	2012	70	0.072 3
	Jeffers	International Journal of Operations	2010	53	0.572 2
	Blome et al.	International Journal of Production Research	2014	114	0.117 1
	Kenneth et al.	Supply Chain Management：An International Journal	2012	159	0.457 3
供给可持续	Yu et al.	Supply Chain Management：An International Journal	2014	126	0.493 4
	Flynn et al.	Journal of Operations Management	2010	617	0.320 5
	Wong et al.	Journal of Operations Management	2011	151	0.473 6
	Huang et al.	Supply Chain Management：An International Journal	2014	164	0.161 4

SSCM	作者	期刊	年份	样本量	效应量
	Zhu et al.	Journal of Cleaner Production	2007	89	0.430 8
	Zhu et al.	International Journal of Production Research	2012	396	0.166 9
	Vachon et al.	Int. J. Production Economics	2008	76	0.349 3
	Vachon and Klassen	International Journal of Operations & Production Management	2006	84	0.237 5
	Zhu, Sarkis and Lai	Journal of Cleaner Production	2007	89	0.406 0
供给可持续	Skinner et al.	International Journal of Physical Distribution and Logistics	2008	76	0.305
	Wu et al.	IEEE Transactions on Engineering Management	2008	1 165	0.26
	Pullman et al.	Journal of Wine Research	2010	49	0.023
	Chiou et al.	Transportation Research, Part E	2011	124	0.99
	Large and Thomson	Journal of Purchasing & Supply Management	2011	109	0.258
	Vanpoucke et al.	Journal of Operations Management	2014	719	0.207 8
	Lai et al.	Int.J.Production Economics	2013	30	0.243 4
	Hollos et al.	International Journal of Production Research	2012	70	0.297 2
	Jeffers	International Journal of Operations	2010	53	0.329 0
	Kenneth et al.	Supply Chain Management: An International Journal	2012	159	0.593，0.402
内部可持续	Pagell et al.	Production and Operations Management	2009	104	-0.128 4，0.023 7
	Yu et al.	Supply Chain Management: An International Journal	2014	126	0.591 4
	Robert	The International Journal of Logistics Management	2013	158	0.409 2
	Flynn et al.	Journal of Operations Management	2010	617	0.423 6
	Wong et al.	Journal of Operations Management	2011	151	0.443 6
	Zhu et al.	Journal of Cleaner Production	2007	89	0.555 5

SSCM	作者	期刊	年份	样本量	效应量
内部可持续	Zhu et al.	International Journal of Production Research	2012	396	0.226 0
	Liu et al.	International Journal of Operations & Production Management	2013	246	0.668 2
	Christmann	Academy of Management Journal	2000	88	0.1
	Sroufe	Production and Operations Management	2003	1118	0.305 6、0.473 3
	Gonzalez-Benito	Omega	2005	185	0.075 5、0.036 5
	Chung and Tsai	International Journal of Management	2007	107	0.203 7
	Chung and Tsai	International Journal of Management	2007	107	0.171
	Zhu, Sarkis and Lai	Journal of Cleaner Production	2007	89	0.514
	Wu et al.	IEEE Transactions on Engineering Management	2008	1165	0.1
	Pullman et al.	Journal of Supply Chain Management	2009	117	0.371 1
	Rahman et al.	Journal of Manufacturing Technology Management	2010	35	0.275
	Yang, Lin, Chan and Sheu	International Journal of Production Economics	2010	107	0.336
	Chiou et al.	Transportation Research, Part E	2011	124	0.682 4
需求可持续	Frank Wiengarten and Annachiara Longoni	Supply Chain Management: An International Journal	2015	90	0.038 3、0.154 4、0.197 9、0.067 5
	Stephan Vachon et al.	Int.J.Production Economics	2008	83	0.242 2
	Kenneth et al.	Supply Chain Management: An International Journal	2012	159	0.422 9
	Yu et al.	Supply Chain Management: An International Journal	2014	126	0.451 3
	Flynn et al.	Journal of Operations Management	2010	617	0.497 3
	Wong et al.	Journal of Operations Management	2011	151	0.452 6
	Gimenez et al.	Int. J. Production Economics	2012	519	0.556

	作者	期刊	年份	样本量	效应量
SSCM	Zhu et al.	International Journal of Production Research	2012	396	0.193 6
	Vachon et al.	Int. J. Production Economics	2008	76	0.208 3
	Liu	International Journal of Operations & Production Management	2013	246	0.497 3
	Sroufe	Production and Operations Management	2003	1 118	0.455
	Gonzalez-Benito	Omega	2005	185	0.13
需求可持续	Rao and Holt	International Journal of Operations & Production	2005	52	0.878 5
	Rao and Holt	International Journal of Operations & Production	2005	117	0.217 3
	Vachon and Klassen	Journal of Cleaner Production	2006	84	0.205
	Chung and Tsai	International Journal of Management	2007	107	0.183 3
	Zhu, Sarkis and Lai	Journal of Cleaner Production	2007	89	0.492 8
	Skinner et al.	International Journal of Physical Distribution and Logistics	2008	118	0.285 6
	Skinner et al.	International Journal of Physical Distribution and Logistics	2008	76	0.162 5
	Fraj-Andres et al.	Journal of Business Ethics	2009	361	0.269 2
	Pullman et al.	Journal of Supply Chain Management	2009	117	0.077
	Olorunniwo and Li	Supply Chain Management: An International Journal	2010	65	0.613 6
	Chiou et al.	Transportation Research, Part E	2011	124	0.59
		财务绩效			
供给可持续	Jeffers	International Journal of Operations	2010	53	1.829 8
	Vachon et al.	Int.J.Production Economics	2008	83	0.407 6
	Luzzini et al.	Int. J. Production Economics	2015	383	0.230 8
	Constantin Blome et al.	International Journal of Production Research	2014	114	−0.037 8

SSCM		作者	期刊	年份	样本量	效应量
供给可持续		Esfahbodi et al.	Int. J. Production Economics	2016	72	0.573 6
		Esfahbodi et al.	Int. J. Production Economics	2016	72	0.488
		Flynn et al.	Journal of Operations Management	2010	617	0.223 7
		Yu	Int. J. Production Economics	2013	214	0.278
		Carter et al.	Transportation Research Part E	2000	437	0.143 8
		Zhu and Sarkis	Journal of Operations Management	2004	186	0.346 0
		Rao and Holt	International Journal of Operations & Production	2005	52	0.764 2
		Zhu, Sarkis and Lai	Journal of Cleaner Production	2007	89	0.389 5
		Pullman et al.	Journal of Wine Research	2010	49	0.077 5
		Paulraj	Journal of Supply Chain Management	2011	145	0.387 6
内部可持续		Vanpoucke et al.	Journal of Operations Management	2014	719	0.255 1、0.051 3
		Lai et al.	Int.J.Production Economics	2013	30	0.271 2
		Hollos et al.	International Journal of Production Research	2012	70	0.198 2
		Pagell et al.	International Journal of Production Research	2007	103	−0.135 4
		Jeffer	International Journal of Operations & Production Management	2010	53	0.969 7
		Lucas et al.	Int. J. Production Economics	2016	943	−0.037 6
		Thoumy et al.	Int. J. Production Economics	2012	79	−0.292 9
		Robert	The International Journal of Logistics Management	2013	158	0.482 9
		Khor et al.	Int. J. Production Economics	2016	79	0.646 9、0.384 6
		Esfahbodi et al.	Int. J. Production Economics	2016	72	0.434 3
		Esfahbodi et al.	Int. J. Production Economics	2016	72	0.372

SSCM	作者	期刊	年份	样本量	效应量
	Chan et al.	Int. J. Production Economics	2015	129	0.513 9
	Cantor et al.	International Journal of Physical Distribution & Logistics Management	2013	304	0.057 2
	Flynn et al.	Journal of Operations Management	2010	617	0.365 4
	Yu	Int. J. Production Economics	2013	214	0.232
	Liu et al.	International Journal of Operations & Production Management	2013	246	0.465 4
	Kassinis et al.	Production and Operations Management	2003	104	0.119 7
	Zhu and Sarki	Journal of Operations Management	2004	186	0.270 5
内部可持续	Gonzalez-Benito	Omega	2005	185	-0.009, -0.001
	Jayaram et al.	International Journal of Production Research	2008	57	0.349
	Jayaram et al.	International Journal of Production Research	2008	57	0.002 3
	Peng and Lin	Journal of Business Ethics	2008	101	0.4
	Peng and Lin	Journal of Business Ethics	2008	101	0.5
	Pullman et al.	Journal of Supply Chain Management	2009	117	0.151 7
	Lopez-Gamero et al.	Journal of Cleaner Production	2010	208	0.708 5
	Meng, Tam and Sun	Journal of Cleaner Production	2010	125	0.607
	Yang et al.	International Journal of Production Economics	2011	309	0.154 5
	Ali Esfahbodi et al.	Int. J. Production Economics	2016	72	0.885 2
需求可持续	Esfahbodi et al.	Int. J. Production Economics	2016	72	0.686
	Flynn et al.	Journal of Operations Management	2010	617	0.255 4
	Yu	Int. J. Production Economics	2013	214	0.176
	Liu et al.	International Journal of Operations & Production Management	2013	246	0.472 2

SSCM	作者	期刊	年份	样本量	效应量
需求可持续	Zhu and Sarkis	Journal of Operations Management	2004	186	0.138 0
	Gonzalez-Benito	Omega	2005	180	−0.004 0
	Zhu, Sarkis and Lai	Journal of Cleaner Production	2007	89	0.338 2
	Peng and Lin	Journal of Business Ethics	2008	101	0.46
	Pullman et al.	Journal of Supply Chain Management	2009	117	0.059 9
SSCM	Cantor et al.	International Journal of Physical Distribution & Logistics Management	2013	304	0.02
市场绩效					
供给可持续	Jeffers	International Journal of Operations & Production Management	2010	53	0.627
	Blome et al.	International Journal of Production Research	2014	114	0.214 2
	Blome et al.	International Journal of Operations & Production Management	2014	259	0.213 2
	Roh et al.	Production and Operations Management	2013	105	0.665 5
	Yu	Int. J. Production Economics	2013	214	0.129
	Pullman et al.	Journal of Wine Research	2010	49	0.021
内部可持续	Vanpoucke et al.	Journal of Operations Management	2014	719	0.080 2
	Jeffers	International Journal of Operations & Production Management	2010	53	0.772 9
	Lucas et al.	Int. J. Production Economics	2016	943	0.129 8
	Blome et al	International Journal of Operations & Production Management	2014	259	0.329 6
	Roh et al.	Production and Operations Management	2013	105	1.095 8
	Yu	Int. J. Production Economics	2013	214	0.26

SSCM	作者	期刊	年份	样本量	效应量
内部可持续	Gilley et al.	Journal of Management	2000	39	0.16
	Gilley et al.	Journal of Management	2000	32	0.176 8
	Kassinis et al.	Production and Operations Management	2003	104	0.395
	Gonzalez-Benito	Omega	2005	185	0.153、−0.03
	Chen et al.	Journal of Business Ethics	2006	203	0.148、0.299
	Chen	Journal of Business Ethics	2008	136	0.816
	Chen	Journal of Business Ethics	2008	136	0.815
	Peng and Lin	Journal of Business Ethics	2008	101	0.36
	Peng and Lin	Journal of Business Ethics	2008	101	0.45
	Lopez-Gamero et al.	Journal of Cleaner Production	2010	208	0.754
	Pullman et al.	Journal of Wine Research	2010	49	−0.088 8
	Meng, Tam and Sun	Journal of Cleaner Production	2010	125	0.623 2
	Yang et al.	International Journal of Production Economics	2011	309	0.166
需求可持续	Blome et al.	International Journal of Operations & Production Management	2014	259	0.4
	Yu	Int. J. Production Economics	2013	214	0.207
	Gonzalez-Benito	Omega	2005	185	0.042
	Peng and Lin	Journal of Business Ethics	2008	101	0.42
	Fraj-Andres et al.	Journal of Business Ethics	2009	361	0.253 3
	Pullman et al.	Journal of Wine Research	2010	49	0.099 5
	Kassinis et al.	Production and Operations Management	2003	104	0.217 9、0.264 9、0.268 4

SSCM	作者	期刊	年份	样本量	效应量
		未细分的经济绩效			
供给可持续	Hollos et al.	International Journal of Production Research	2012	70	0.262 8
	Hsu et al.	Decision Science	2014	143	0.242 7
	Kenneth et al.	Supply Chain Management: An International Journal	2012	159	0.718 5
	Yenming et al.	International Journal of Physical Distribution & Logistics Management	2015	212	0.625 6
	Zhu et al.	Journal of Operations Management	2004	186	0.3
	Gimenez et al.	Int. J. Production Economics	2012	519	0.297 6
	Zhu et al.	Journal of Cleaner Production	2007	89	0.307 1
	Zhu et al.	International Journal of Production Research	2012	396	0.166 9
	Wu et al.	Int.J.Production Economics	2014	172	0.356 8
	Jackson et al.	Int. J. Production Economics	2016	300	0.633 2
内部可持续	Hsu et al.	Decision Science	2014	143	0.427 7
	Kenneth et al.	Supply Chain Management: An International Journal	2012	159	0.671 3
	Yenming et al.	International Journal of Physical Distribution & Logistics Management	2015	212	0.784
	Zhu et al.	Journal of Operations Management	2004	186	0.357 6、0.230 8
	Gimenez et al.	Int. J. Production Economics	2012	519	0.137 2
	Zhu et al.	Journal of Cleaner Production	2007	89	0.728 6、0.292 6
	Zhu et al.	International Journal of Production Research	2012	396	0.187 3

SSCM	作者	期刊	年份	样本量	效应量
	Hsu et al.	Decision Science	2014	143	0.561 5
需求可持续	Kenneth et al.	Supply Chain Management: An International Journal	2012	159	0.733 2
	Yenming et al.	International Journal of Physical Distribution & Logistics Management	2015	212	0.721 8
	Gimenez et al.	Int. J. Production Economics	2012	519	0.164 3
	Zhu et al.	Journal of Cleaner Production	2007	89	0.364 8
	Zhu et al.	International Journal of Production Research	2012	396	0.193 6
SSCM	Yenming et al.	International Journal of Physical Distribution & Logistics Management	2015	212	0.778 8

表 A-2　环境绩效维度的文献汇总

SSCM	作者	期刊	年份	样本量	效应量
	Wiengarten and Longoni	Supply Chain Management: An International Journal	2015	90	0.118 6
	Vachon et al.	Int.J.Production Economics	2008	83	0.342 8
	Luzziniet al.	Int. J. Production Economics	2015	383	0.328 4
	Kenneth et al.	Supply Chain Management: An International Journal	2012	159	0.801 7
	Zhu et al.	Journal of Operations Management	2004	186	0.450 1
供给可持续	Esfahbodi et al.	Int. J. Production Economics	2016	72	1.066 1
	Esfahbodi et al.	Int. J. Production Economics	2016	56	0.963 9
	Zhu et al.	Journal of Cleaner Production	2007	89	0.398 9
	Wong et al.	Int. J. Production Economics	2012	122	0.590 1
	Zhu et al.	International Journal of Production Research	2012	396	0.166 9
	Vachon et al.	Int. J. Production Economics	2008	76	0.342 8
	Yu et al.	Int.J.of Production Research	2015	167	0.722 7
	Jackson et al.	Int. J. Production Economics	2016	300	0.625
	Tachizawa et al.	International Journal of Operations & Production Management	2015	71	0.309 5
内部可持续	Kenneth et al.	Supply Chain Management: An International Journal	2012	159	0.804 3
	Pagell et al.	Production and Operations Management	2009	104	0.005 4
	Simpson	Int. J. Production Economics	2012	220	0.291 4、0.251 4
	Zhu et al.	Journal of Operations Management	2004	186	0.537 2
	Khor et al.	Int. J. Production Economics	2016	79	0.347 2

SSCM	作者	期刊	年份	样本量	效应量
内部可持续	Esfahbodi et al.	Int. J. Production Economics	2016	72	0.916 0
	Esfahbodi et al.	Int. J. Production Economics	2016	56	0.871 2
	Chan et al.	Int. J. Production Economics	2015	129	0.729 7
	Gimenez et al.	Int. J. Production Economics	2012	519	0.348 3
	Zhu et al.	Journal of Cleaner Production	2007	89	0.556 5
	Wong et al.	Int. J. Production Economics	2012	122	0.556 8
	Zhu et al.	International Journal of Production Research	2012	396	0.226
	Wiengarten and Longoni	Supply Chain Management: An International Journal	2015	90	0.070 9
	Vachon et al.	Int.J.Production Economics	2008	83	0.429 8
	Tachizawa et al.	International Journal of Operations & Production Management	2015	71	0.775 3
需求可持续	Kenneth et al.	Supply Chain Management: An International Journal	2012	159	0.968 4
	Simpson	Int. J. Production Economics	2012	220	0.327 2
	Esfahbodi et al.	Int. J. Production Economics	2016	72	0.968 4
	Esfahbodi et al.	Int. J. Production Economics	2016	56	0.920 2
	Zhu et al.	Journal of Cleaner Production	2007	89	0.612 7
	Zhu et al.	International Journal of Production Research	2012	396	0.172 1
	Vachon et al.	Int. J. Production Economics	2008	76	0.429 8
	Golini et al.	Int. J. Production Economics	2014	534	0.448 9

表 A-3　社会绩效维度的文献汇总

SSCM	作者	期刊	年份	样本量	效应量
供给可持续	Wiengarten and Longoni	Supply Chain Management：An International Journal	2015	90	0.212 8
	Hollos et al.	International Journal of Production Research	2012	70	0.099 3
内部可持续	Wu et al.	Int.J.Production Economics	2014	172	1.079 5
	Lai et al.	Int.J.Production Economics	2013	30	0.133 2
	Hollos et al.	International Journal of Production Research	2012	70	0.077 2
	Gimenez et al.	Int. J. Production Economics	2012	519	0.295 6
需求可持续	Wiengarten and Longoni	Supply Chain Management：An International Journal	2015	90	0.298 4
	Gimenez et al.	Int. J. Production Economics	2012	519	0.293 4
	Golini et al.	Int. J. Production Economics	2014	534	0.399 9

表 A-4　总体绩效的文献汇总

SSCM	作者	期刊	年份	样本量	效应量
供给可持续	Hollos et al.	International Journal of Production Research	2012	70	0.024
	Blome et al.	International Journal of Operations & Production Management	2014	259	0.536 1
内部可持续	Hollos et al.	International Journal of Production Research	2012	70	0.439 2
	Blome et al.	International Journal of Operations & Production Management	2014	259	0.708 9
	Chung et al.	Int. J. Production Economics	2016	145	0.015
	Blome et al.	International Journal of Operations & Production Management	2014	259	0.51
需求可持续	Golini et al.	Int. J. Production Economics	2014	534	0.465 2
	Kassinis et al.	Production and Operations Management	2003	104	0.056 4、0.059 7、0.146 3

附录 B

表 B-1　外部 SSCM 影响因素与效应量汇总

层面	期刊	作者	年份	样本量	x	y	效应量
	Supply Chain Management: An International Journal	Huang M, et al.	2014	164	demand uncertainty	supply chain integration	−0.050
	Supply Chain Management: An International Journal	Huang M, et al.	2014	164	technological uncertainty	supply chain integration	0.280
环境层面	International Journal of Operations & Production Management	Liu H, et al.	2013	246	competitor orientation	Information sharing	0.340
	International Journal of Operations & Production Management	Liu H, et al.	2013	246	competitor orientation	Operational coordination	0.320
	International Journal of Production Research	Pagell M, et al.	2007	103	Hostility	Investments in buyer supplier relationships	0.069

层面	期刊	作者	年份	样本量	x	y	效应量
	International Journal of Production Research	Pagell M, et al.	2007	103	Dynamism	Investments in buyer supplier relationships	0.001
	Journal of Operations Management	Wong Y, et al.	2011	151	environmental uncertainty	supplier intergation	−0.040
	Journal of Operations Management	Wong Y, et al.	2011	151	environmental uncertainty	customer intergation	0.143
	Journal of Cleaner Production	Zhu Q, et al.	2007	89	regulative pressure	customer cooperation practices	0.240
环境层面	Journal of Cleaner Production	Zhu Q, et al.	2007	89	market pressure	customer cooperation practices	0.490
	Journal of Cleaner Production	Zhu Q, et al.	2007	89	suppliers pressure	customer cooperation practices	0.425
	Journal of Purchasing and Supply Management	Gualandris J, et al.	2014	77	customer pressure	sustainable supply management	0.429
	International Journal of Operations & Production Management	Lam H K S	2018	260	Supply Chain Complexity	Sustainable Supply Chain Practices	0.259
	International Journal of Operations & Production Management	Lam H K S	2018	260	Supply Chain Efficiency	Sustainable Supply Chain Practices	0.274
	Supply Chain Management: An International Journal	Ni W, et al.	2018	898	Environmental dynamism	Supplier collaboration	0.265

层面	期刊	作者	年份	样本量	x	y	效应量
	Supply Chain Management: An International Journal	Ni W, et al.	2018	898	Stakeholder pressure on sustainability	Supplier collaboration	0.291
	Supply Chain Management: An International Journal	Ni W, et al.	2018	898	Environmental dynamism	Supplier assessment	0.624
	Supply Chain Management: An International Journal	Ni W, et al.	2018	898	Stakeholder pressure on sustainability	Supplier assessment	0.515
环境层面	Journal of Manufacturing Technology Management	Pakdeechoho N, et al.	2018	215	Supply chain incentives (SCI)	Sustainable supply chain collaboration	0.519
	Journal of Manufacturing Technology Management	Pakdeechoho N, et al.	2018	215	Government incentives (GVI)	Sustainable supply chain collaboration	0.419
	Journal of Business Ethics	Ehrgott M, et al.	2011	244	Intensity of customer social pressures	Socially sustainable supplier selection	0.480
	Journal of Business Ethics	Ehrgott M, et al.	2011	244	Intensity of government social pressures	Socially sustainable supplier selection	0.500
	Journal of Business Ethics	Wei S, et al.	2019	190	Distributive justice	Information sharing	0.520
	Journal of Business Ethics	Wei S, et al.	2019	190	Procedural justice	Information sharing	0.390
	Journal of Business Ethics	Wei S, et al.	2019	190	Interactional justice	Information sharing	0.480
	Journal of Business Ethics	Wei S, et al.	2019	190	Distributive justice	Collaborative planning	0.530

层面	期刊	作者	年份	样本量	x	y	效应量
	Journal of Business Ethics	Wei S, et al.	2019	190	procedural justice	collaborative planning	-0.198
	Journal of Business Ethics	Wei S, et al.	2019	190	interactional justice	collaborative planning	-0.048
	Journal of Business Ethics	Wolf J	2013	1621	social related SC related controversies	social supply chain standards	-0.123
	Journal of Business Ethics	Wolf J	2013	1621	operations related controversies	social supply chain standards	-0.179
	Journal of Business Ethics	Wolf J	2013	1621	environmental related SC controversies	social supply chain standards	0.003
环境层面	Journal of Business Ethics	Wolf J	2013	1621	social related SC related controversies	supply chain monitoring system	-0.134
	Journal of Business Ethics	Wolf J	2013	1621	operations related controversies	supply chain monitoring system	-0.067
	Journal of Business Ethics	Wolf J	2013	1621	environmental related SC related controversies	supply chain monitoring system	0.033
	Journal of Business Ethics	Wolf J	2013	1621	social related SC related controversies	green procurement	-0.020
	Journal of Business Ethics	Wolf J	2013	1621	operations related controversies	green procurement	-0.134
	Journal of Business Ethics	Wolf J	2013	1621	environmental related SC related controversies	green procurement	-0.067
	Journal of Business Ethics	Wolf J	2013	1621	operations related controversies	green procurement	0.033

层面	期刊	作者	年份	样本量	x	y	效应量
	Journal of Business Ethics	Wolf J	2013	1621	environmental related SC controversies	green procurement	−0.020
	Smart and Sustainable Built Environment	Ahmed W, et al.	2019	229	institutional pressure (coercive)	supply chain partnering	0.385
	Smart and Sustainable Built Environment	Ahmed W, et al.	2019	229	institutional pressure (mimetic)	GSCM: supply chain partnering	0.516
	Smart and Sustainable Built Environment	Ahmed W, et al.	2019	229	institutional pressure (normative)	supply chain partnering	0.345
环境层面	Journal of Manufacturing Technology Management	Ghosh M	2019	80	customer pressure	supplier collaboration	0.340
	Journal of Manufacturing Technology Management	Ghosh M	2019	80	competitive pressure	supplier collaboration	0.480
	Decision Sciences	Wei S, et al.	2019	215	marker variable (competition)	information sharing	0.016
	Decision Sciences	Wei S, et al.	2019	215	marker variable (competition)	collaborative planning	0.125
	International Journal of Operations & Production Management	Blome C, et al.	2014	259	sustainable production	demand-side sustainability collaboration	0.570
企业层面	International Journal of Operations & Production Management	Blome C, et al.	2014	259	sustainable production	supply-side sustainability collaboration	0.620
	International Journal of Production Economics	Gimenez C, et al.	2012	519	environmental strategic orientation	supply chain assessment	0.468

层面	期刊	作者	年份	样本量	x	y	效应量
	International Journal of Production Economics	Gimenez C, et al.	2012	519	social strategic orientation	supply chain assessment	0.517
	International Journal of Production Economics	Gimenez C, et al.	2012	519	environmental strategic orientation	supply chain collaboration	0.293
	International Journal of Production Economics	Gimenez C, et al.	2012	519	social strategic orientation	supply chain collaboration	0.317
	International Journal of Production Economics	Golini R, et al.	2014	534	overall sustainability orientation	overall sustainability programs	0.663
	International Journal of Production Economics	Golini R, et al.	2014	534	social sustainability orientation	overall sustainability programs	0.631
	International Journal of Production Economics	Golini R, et al.	2014	534	environmental sustainability orientation	overall sustainability programs	0.595
企业层面	International Journal of Production Research	Hollos D, et al.	2012	70	strategic orientation	sustainable supplier co-operation	0.309
	International Journal of Operations & Production Management	Liu H, et al.	2013	246	customer orientation	information sharing	0.470
	International Journal of Operations & Production Management	Liu H, et al.	2013	246	customer orientation	operational coordination	0.450
	Journal of Cleaner Production	Zhu Q, et al.	2007	89	internal pressure	customer cooperation practices	0.260
	Journal of Purchasing and Supply Management	Large O, et al.	2011	109	strategic level of purchasing	green supplier assessment	0.321

层面	期刊	作者	年份	样本量	x	y	效应量
	Journal of Purchasing and Supply Management	Large O, et al.	2011	109	environmental commitment	green supplier assessment	0.338
	Journal of Purchasing and Supply Management	Large O, et al.	2011	109	strategic level of purchasing	green collaboration with suppliers	0.467
	Journal of Purchasing and Supply Management	Large O, et al.	2011	109	purchaser's environmental capabilities	green collaboration with suppliers	0.752
	International Journal of Operations & Production Management	Liu H, et al.	2013	246	competitor orientation	information sharing	0.340
	International Journal of Operations & Production Management	Liu H, et al.	2013	246	competitor orientation	operational coordination	0.320
企业层面	Production and Operations Management	Roh J A, et al.	2013	105	length of relationships（model1&2）	structural capital	0.233
	Production and Operations Management	Roh J A, et al.	2013	105	length of relationships（model1&3）	relational capital	0.112
	Production and Operations Management	Roh J A, et al.	2013	105	length of relationships（model1&4）	cognitive capital	0.144
	Production and Operations Management	Roh J A, et al.	2013	105	length of relationships（model3）	structural capital	−0.041
	Production and Operations Management	Roh J A, et al.	2013	105	length of relationships（model4）	relational capital	−0.092
	Production and Operations Management	Roh J A, et al.	2013	105	length of relationships（model5）	cognitive capital	−0.102

层面	期刊	作者	年份	样本量	x	y	效应量
企业层面	Production and Operations Management	Roh J A，et al.	2013	105	length of relationships（model4）	structural capital	0.233
	Production and Operations Management	Roh J A，et al.	2013	105	length of relationships（model5）	relational capital	0.112
	Production and Operations Management	Roh J A，et al.	2013	105	length of relationships（model6）	cognitive capital	0.114
	Smart and Sustainable Built Environment	Ahmed W，et al.	2019	229	environmental orientation	supply chain partnering	0.427
	Corporate Governance: The International Journal of Business in Society	Cui Y，et al.	2011	227	reconfiguration capability	strategic alliance	0.543
	Corporate Governance: The International Journal of Business in Society	Cui Y，et al.	2011	227	organizational flexibility capability	strategic alliance	0.365
	Corporate Governance: The International Journal of Business in Society	Cui Y，et al.	2011	227	opportunity sensing capability	strategic alliance	0.429
	Corporate Governance: The International Journal of Business in Society	Cui Y，et al.	2011	227	technological flexibility capability	strategic alliance	0.522
	Journal of Manufacturing Technology Management	Ghosh M	2019	80	organization's internal environmental concern	supplier collaboration	0.530
	Decision Sciences	Wei S，et al.	2019	215	explorative IT capability	information sharing	0.513

层面	期刊	作者	年份	样本量	x	y	效应量
企业层面	Decision Sciences	Wei S, et al.	2019	215	explorative IT capability	collaborative planning	0.411
	Decision Sciences	Wei S, et al.	2019	215	exploitative IT capability	collaborative planning	0.425
	International Journal of Production Research	Blome C, et al.	2014	114	top management commitment	green supplier development	0.630
	International Journal of Production Economics	Luzzini D, et al.	2015	383	commitment to sustainability	intra-firm collaborative capabilities	0.155
企业家层面	International Journal of Operations & Production Management	Croom S, et al.	2018	175	long-term orientation	basic social sustainability practices	0.355
	International Journal of Operations & Production Management	Croom S, et al.	2018	175	social sustainability orientation	basic social sustainability practices	0.524
	International Journal of Operations & Production Management	Croom S, et al.	2018	175	long-term orientation	advanced social sustainability practices	0.521
	International Journal of Operations & Production Management	Croom S, et al.	2018	175	social sustainability orientation	advanced social sustainability practices	0.725
	Supply Chain Management: An International Journal	Ni W, et al.	2018	898	sustainability goal	supplier collaboration	0.485

层面	期刊	作者	年份	样本量	x	y	效应量
企业家层面	Supply Chain Management: An International Journal	Ni W, et al.	2018	898	sustainability goal	supplier assessment	0.398
	International Journal of Productivity and Performance Management	Tipu S, et al.	2018	242	social capital	sustainable supply chain management	0.750
	International Journal of Productivity and Performance Management	Tipu S, et al.	2018	242	strategic entrepreneurship	sustainable supply chain management	0.690
	Journal of Business Ethics	Ehrgott M, et al.	2011	244	intensity of social middle management pressures	socially sustainable supplier selection	0.687
	Journal of Business Ethics	Wei S, et al.	2019	190	top management beliefs	information sharing	0.490
	Journal of Business Ethics	Wei S, et al.	2019	190	top management participation	information sharing	0.550
	Journal of Business Ethics	Wei S, et al.	2019	190	top management beliefs	collaborative planning	0.440
	Journal of Business Ethics	Wei S, et al.	2019	190	top management participation	collaborative planning	0.550
	Journal of Manufacturing Technology Management	Ghosh M	2019	80	management support	supplier collaboration	0.540

表 B-2 内部 SSCM 影响因素与效应量汇总

层面	期刊	作者	年份	样本量	x	y	效应量
	International Journal of Production Economics	Chan K, et al.	2016	250	pressure of environmental regulations/policies	green product innovation	0.542
	International Journal of Production Economics	Chan K, et al.	2016	250	environmental dynamism	green product innovation	0.542
	International Journal of Production Economics	Khor S, et al.	2016	89	regulatory pressure	repair	0.241
	International Journal of Production Economics	Khor S, et al.	2016	89	regulatory pressure	recondition	0.169
	International Journal of Production Economics	Khor S, et al.	2016	89	regulatory pressure	remanufacture	0.133
环境 层面	International Journal of Production Economics	Khor S, et al.	2016	89	regulatory pressure	recycle	0.175
	International Journal of Production Economics	Khor S, et al.	2016	89	regulatory pressure	disposal	0.440
	International Journal of Production Research	Pagell M, et al.	2007	103	hostility	investments in environmental management	0.070
	International Journal of Production Research	Pagell M, et al.	2007	103	dynamism	investments in environmental management	0.384
	Decision Science	Pei F H et al.	2014	141	regulations	subsidiary's green purchasing practices	0.231

层面	期刊	作者	年份	样本量	x	y	效应量
环境层面	Decision Science	Pei F H et al.	2014	141	stakeholders' pressure	subsidiary's green purchasing practices	0.187
	Decision Science	Pei F H et al.	2014	141	public groups' pressure	subsidiary's green purchasing practices	0.240
	Decision Science	Pei F H et al.	2014	141	local tailoring effects	subsidiary's green purchasing practices	0.522
	International Journal of Production Economics	Simpson D	2012	220	customer pressure	investments in waste reduction resources	0.407
	International Journal of Production Economics	Simpson D	2012	220	regulatory pressure	investments in waste reduction resources	0.442
	International Journal of Production Economics	Wong Y, et al.	2012	122	environmental management capability of suppliers	product stewardship	0.620
	International Journal of Production Economics	Wong Y, et al.	2012	122	environmental management capability of suppliers	process stewardship	0.710
	Journal of Operations Management	Wong Y, et al.	2011	151	environmental uncertainty	internal integration	−0.013
	International Journal of Production Research	Yu W, et al.	2014	167	stakeholder pressures	internal green management	0.281
	International Journal of Production Research	Yu W, et al.	2014	167	stakeholder pressures	green product/process design	0.374
	Journal of Cleaner Production	Zhu Q, et al.	2007	89	regulative pressure	Internal EM practices	−0.035
	Journal of Cleaner Production	Zhu Q, et al.	2007	89	market pressure	Internal EM practices	0.059

层面	期刊	作者	年份	样本量	x	y	效应量
	Journal of Cleaner Production	Zhu Q, et al.	2007	89	suppliers pressure	Internal EM practices	0.108
	Journal of Cleaner Production	Zhu Q, et al.	2007	89	regulative pressure	Green purchasing practices	−0.122
	Journal of Cleaner Production	Zhu Q, et al.	2007	89	market pressure	Green purchasing practices	−0.072
	Journal of Cleaner Production	Zhu Q, et al.	2007	89	suppliers pressure	Green purchasing practices	0.152
	Journal of Cleaner Production	Zhu Q, et al.	2007	89	regulative pressure	investment recovery practices	0.015
环境层面	Journal of Cleaner Production	Zhu Q, et al.	2007	89	market pressure	investment recovery practices	0.101
	Journal of Cleaner Production	Zhu Q, et al.	2007	89	suppliers pressure	investment recovery practices	0.157
	Journal of Cleaner Production	Zhu Q, et al.	2007	89	regulative pressure	eco-design practices	−0.030
	Journal of Cleaner Production	Zhu Q, et al.	2007	89	market pressure	eco-design practices	0.075
	Journal of Cleaner Production	Zhu Q, et al.	2007	89	suppliers pressure	eco-design practices	0.214
	Journal of Business Ethics	Peng Y S., et al.	2008	101	local responsiveness pressure	green marketing	0.440
	Journal of Purchasing and Supply Management	Gualandris J, et al.	2014	77	customer pressure	sustainable process management	0.480

层面	期刊	作者	年份	样本量	x	y	效应量
	International Journal of Production Economics	Khor S, et al.	2016	89	ownership pressure	repair	0.183
	International Journal of Production Economics	Khor S, et al.	2016	89	ownership pressure	recondition	0.315
	International Journal of Production Economics	Khor S, et al.	2016	89	ownership pressure	remanufacture	0.388
	International Journal of Production Economics	Khor S, et al.	2016	89	ownership pressure	recycle	0.360
	International Journal of Production Economics	Khor S, et al.	2016	89	ownership pressure	disposal	0.103
环境层面	International Journal of Operations & Production Management	Cousins D, et al.	2019	248	supply chain ecocentricity	GSCM practices	0.580
	International Journal of Operations & Production Management	Cousins D, et al.	2019	248	supply chain traceability	GSCM practices	0.540
	Journal of Manufacturing Technology Management	Fayezi S, et al.	2019	108	Coercive forces	green scouring	0.619
	Journal of Manufacturing Technology Management	Fayezi S, et al.	2019	108	Coercive forces	eco-design	0.549
	Journal of Manufacturing Technology Management	Fayezi S, et al.	2019	108	buyer dependency	green scouring	0.198
	Journal of Manufacturing Technology Management	Fayezi S, et al.	2019	108	buyer dependency	eco-design	0.122

层面	期刊	作者	年份	样本量	x	y	效应量
	International Journal of Production Economics	Gimenez C, et al.	2012	519	environmental strategic orientation	internal environmental management programs	0.526
	International Journal of Production Economics	Gimenez C, et al.	2012	519	environmental strategic orientation	internal socially-oriented action programs	0.329
	International Journal of Production Economics	Golini R, et al.	2014	534	overall sustainability orientation	social programs	0.636
	International Journal of Production Economics	Golini R, et al.	2014	534	overall sustainability orientation	environmental programs	0.574
企业层面	Supply Chain Management: An International Journal	Green W, et al.	2012	159	internal environmental management	green purchasing	0.715
	Supply Chain Management: An International Journal	Green W, et al.	2012	159	internal environmental management	cooperation with customers	0.694
	Supply Chain Management: An International Journal	Green W, et al.	2012	159	internal environmental management	eco-design	0.610
	Supply Chain Management: An International Journal	Green W, et al.	2012	159	internal environmental management	investment recovery	0.550
	International Journal of Production Research	Hollos D, et al.	2012	70	strategic orientation	green practices	0.378
	International Journal of Production Research	Hollos D, et al.	2012	70	strategic orientation	social practices	0.230

层面	期刊	作者	年份	样本量	x	y	效应量
企业层面	International Journal of Operations & Production Management	Jeffers P I	2010	64	market-orientation	shared IT knowledge	0.556
	International Journal of Operations & Production Management	Jeffers P I	2010	64	market-orientation	IT applications	0.381
	Decision Science	Pei F H et al.	2014	141	internal audits	subsidiary's green purchasing practices	0.193
	International Journal of Production Economics	Simpson D	2012	220	disposal cost pressure	investments in waste reduction resources	0.234
	Journal of Cleaner Production	Zhu Q, et al.	2007	89	internal pressure	internal EM practices	0.205
	Journal of Cleaner Production	Zhu Q, et al.	2007	89	internal pressure	green purchasing practices	0.119
	Journal of Cleaner Production	Zhu Q, et al.	2007	89	internal pressure	investment recovery practices	0.254
	Journal of Cleaner Production	Zhu Q, et al.	2007	89	internal pressure	eco-design practices	0.237
	The Academy of Management Journal	Christmann P	2000	88	complementary assets	pollution prevention	0.200
	The Academy of Management Journal	Christmann P	2000	88	complementary assets	innovation	0.100
	The Academy of Management Journal	Christmann P	2000	88	complementary assets	early-timing	0.420

层面	期刊	作者	年份	样本量	x	y	效应量
	Journal of Business Ethics	Peng Y S, et al.	2008	101	subsidiary resources	green marketing	0.280
	Journal of Business Ethics	Peng Y S, et al.	2008	101	subsidiary resources	green R&D	0.360
	Journal of Business Ethics	Peng Y S, et al.	2008	101	subsidiary resources	green production	0.390
	International Journal of Operations & Production Management	Miemczyk J, et al.	2019	305	environmental priorities	environmental practices	0.661
	International Journal of Operations & Production Management	Miemczyk J, et al.	2019	305	environmental priorities	risk assessment practices	0.280
	International Journal of Operations & Production Management	Miemczyk J, et al.	2019	305	environmental priorities	social practices	0.460
企业层面	Smart and Sustainable Built Environment	Ahmed W, et al.	2019	229	environmental orientation	GSCM: eco-design	0.300
	Smart and Sustainable Built Environment	Ahmed W, et al.	2019	229	environmental orientation	GSCM: internal management	0.480
	Journal of Manufacturing Technology Management	Fayezi S, et al.	2019	108	voluntary behaviors	green scouring	0.570
	Journal of Manufacturing Technology Management	Fayezi S, et al.	2019	108	voluntary behaviors	eco-design	0.572
	Engineering Management Journal	Sellitto A, et al.	2019	70	competitive enablers	green innovation	0.706
	Engineering Management Journal	Sellitto A, et al.	2019	70	competitive enablers	green operations	0.723

层面	期刊	作者	年份	样本量	x	y	效应量
企业层面	Engineering Management Journal	Sellitto A, et al.	2019	70	green strategy	green innovation	0.664
	Engineering Management Journal	Sellitto A, et al.	2019	70	green strategy	green operations	0.768
	International Journal of Production Research	Blome C, et al.	2014	114	top management commitment	green procurement	0.490
	International Journal of Production Economics	Chung L, et al.	2016	145	manager's perceived environmental regulation constrains	proactive	−0.410
	International Journal of Production Economics	Chung L, et al.	2016	145	manager's perceived environmental regulation constrains	protective	0.360
企业家层面	International Journal of Physical Distribution & Logistics Management	David E, et al.	2013	304	perceived organizational support for the environment	participation environmental programs	0.460
	International Journal of Physical Distribution & Logistics Management	David E, et al.	2013	304	perceived organizational support for the environment	environmental management system	0.240
	International Journal of Physical Distribution & Logistics Management	David E, et al.	2013	304	perceived organizational support for the environment	ISO 14000	0.390
	International Journal of Production Economics	Luzzini D, et al.	2015	383	Commitment to sustainability	inter-firm collaborative capabilities	0.236

层面	期刊	作者	年份	样本量	x	y	效应量
企业家层面	The International Journal of Logistics Management	Overstreet E, et al.	2013	158	transformational leadership	organizational innovativeness	0.430
	International Journal of Physical Distribution & Logistics Management	Glenn R, et al.	2005	117	resource commitment	reverse logistics innovation	0.409
	Journal of Management	Matthew K, et al.	2000	71	company reputation	product/process-driven greening initiatives	−0.130
	Journal of Cleaner Production	Burki U, et al.	2018	181	top management commitment	green managerial innovations	0.168
	International Journal of Production Research	Bhatia S, et al.	2019	138	environmental concerns	product recovery	−0.120
	International Journal of Production Research	Bhatia S, et al.	2019	138	environmental concerns	production planning	0.320
	International Journal of Production Research	Bhatia S, et al.	2019	138	environmental concerns	demand and inventory management	0.310
	International Journal of Production Research	Bhatia S, et al.	2019	138	environmental concerns	product design and collection	0.100
	International Journal of Production Research	Bhatia S, et al.	2019	138	environmental concerns	sustainable production	0.560
	International Journal of Production Research	Bhatia S, et al.	2019	138	organizational leadership	product recovery	0.200
	International Journal of Production Research	Bhatia S, et al.	2019	138	organizational leadership	production planning	0.340

层面	期刊	作者	年份	样本量	x	y	效应量
	International Journal of Production Research	Bhatia S，et al.	2019	138	organizational leadership	demand and inventory management	0.510
	International Journal of Production Research	Bhatia S，et al.	2019	138	organizational leadership	product design and collection	0.470
	International Journal of Production Research	Bhatia S，et al.	2019	138	organizational leadership	sustainable production	0.330
企业家层面	Journal of Manufacturing Technology Management	Yildiz S，et al.	2019	281	environmental education	green purchasing	0.208
	Journal of Manufacturing Technology Management	Yildiz S，et al.	2019	281	environmental education	green manufacturing	0.290
	Journal of Manufacturing Technology Management	Yildiz S，et al.	2019	281	environmental education	green marketing	0.301
	Journal of Manufacturing Technology Management	Yildiz S，et al.	2019	281	environmental education	green distribution and packaging	0.253
	Journal of Manufacturing Technology Management	Yildiz S，et al.	2019	281	environmental education	internal environmental management	0.173